自我之形成

——人類精神生命的結構、性能及運作方式

增訂本

于德昌◎著

臺灣商務印書館發行

獻給
人類及人類中的每個成員

獻給
我的父母和我的妻兒

目錄

- 人類有著各種各樣的精神追求，如對真理的追求、對愛情的追求、對自由的追求及對成功的追求等等，這些追求既然是從人身上產生出來的，那麼它們是不是產生自人身上的不同部位，這些不同的部位組成了一個有機的整體，而正是這個整體決定了人的特性呢？
- 精神疾病只能產生自我們人類身上的精神機體。那麼，如果不瞭解我們精神機體的正常情況，怎麼能瞭解它的病變情況呢？論說起來，精神機體是體，精神疾病不過是象而已。
- 在人的精神機體的研究方面，精神病學是研究其病變情況的學科，它必須而且只能以一門研究其正常情況的學科為基礎——這門學科大體上應該被稱作「精神學」，還有待我們去創立。

第一章 《黃帝內經》、五行學說與人類精神機體／20

人體是人的精神機體與人的生理機體的混合體，因而人體的絕大部分活動、絕大部分現象，你都很難說是純生理性的或是純精神性的，而只能說是精神機體與生理機體混合作用的結果。

《黃帝內經》中的生理學理論是建立在研究人的活體的功能的基礎上的，而人體的絕大多數功能（包括精神功能和生理功能）的發揮，要靠人的精神機體和人的生理機體的共同作用，要靠兩個機體內部許多以至所有器官的協同作用。這樣，《黃帝內經》在向我們描摹出一個活生生的人類生理機體時，也向我們勾勒出了人類精神機體的輪廓，也即，向我們揭示出一個集精神機體與生理機體於一體的人類生命機體。

在中醫學對人的生理機體已研究了至少兩千多年、並已取得豐碩成果的今天，我們所要做的是：把中醫學中所涉及到的人的精神機體的部分抽離出來，對它們進行專門的、深入的、細緻的研究。

- 縱觀古今中外，也許沒有任何一種理論、任何一種學說能像「五行學說」一樣，遭遇過如此大起大落的命運了，用從被捧至九天到被打入十八層地獄形容，恐怕也過分不了多少。

- 「五行學說」這種不正常的遭遇，倒並不怪乎「五行學說」本身，而是反映了我們心智的不正常。它既不像我們祖先所認為的那樣神乎其神、無所不能，也不像我們現代人所認為的這樣毫無價值、不值一提。「五行學說」作為一種思維工具、一種方法論，像任何工具、任何方法論一樣，也有它的適用範圍：在這個範圍外使用，難免要出現謬誤；在這個範圍內使用，它還是很有價值的。

- 我們人類和動物的生理機體可以說是濃縮了的地球：與地球機體一樣，我們人類和動物的機體也是由氣系統、地系統、水系統、植物系統和動物系統組成的。

- 人類的出現，既標志著地球物質機體的形成，也標志著地球精神機體的形成，也就是說，地球物質機體的形成過程和地球精神機體的形成過程同時完結於人類的出現。從內容的角度講，人的物質機體是地球世界所有物質的總和，而人的精神機體是地球世界所有物質之精神的總和。

🔔自我形成的問題是心理學研究中最關鍵的一個問題：這個問題解決好了，其它問題都好解決；這個問題解決不好，其它問題都不能得到真正解決。

🔔個體的能量系統是個生命系統，需要保持動態的平衡，所收貯的能量既不能太多，也不能太少。同樣，人類社會也是個生命系統，也需要保持動態的平衡，既不能讓每個個體所收貯的能量太少，也不能讓每個個體所收貯的能量太多。

🔔在不成熟、不健全的人類社會中，正如物質財富的分配很不平衡一樣，精神能量的分配也很不平衡：絕大多數無權無勢的人只享有太少的精神能量，而極少數有權有勢的人則享有太多的精神能量。

🔔關於尊重、關愛及安全，我請大家從一個新的角度看待這三種東西：它們除了具備我們素常所瞭解的作用和意義外，還是維持我們人類精神生命的三種能量。

大腦每天都要做許多事情，因而每天都要消耗五個能量系統所提供的各種能量，因而五個能量系統要及時補充各自所要貯存的能量。

關愛乃是精神意義上的空氣，它雖然不像物質的空氣那樣須臾不可離，但須臾間意識到自己不被人關愛的滋味——我想我們大多數人都曾體會過——的確是一種異常沈重的窒息感。

有一句話經常被我們引用：「知識是我們的精神食糧」。從人類精神生命的角度看，這句話也是非常合理的。正如糧食是維持人類物質（生理）生命存在和活動的最基本能量一樣，知識也是維持我們人類精神生命存在和活動的最基本能量。

大體上可以這樣概括精神變態者：由於他們的某些精神需要長期得不到正當的滿足，只能用替代物或替代方式予以變相的滿足，久而久之，引發了他們精神機體中某些部位的病變，使得這些部位的功能無法正常發揮，當他們遇到相關事情、進入相關情境時，他們便會產生不正常的、怪異的反應，如在言語、行為以至神情等方面。

也許有些朋友會對精神變態者的表現感到可笑，但是，在笑別人的同時，可能就是在笑我們自己，因為，正如基本上不存在生理意義上完全健康的人一樣，基本上也不存在精神意義上完全健康的人。幾乎我們每個人都有程度不同、類型不一的精神變態。

我們很多人都有一種誤解：一提到某種性格，就認為指的是某種特徵、某種性質或某種表現，即認為性格是單一性的。實際上，性格是複合性的，更準確地說是複合體。

幾乎所有的傑出人物都具有非常鮮明的性格。性格鮮明也即性格強，也即某個能量系統所占的比重非常大，也即這個系統的功能非常強，也即主體具有某方面非常突出的才能。主體的這種才能若被挖掘、被施展出來，他就有可能成為傑出的人物。

被稱為天才，是因為具有某方面異常突出的才能。某方面才能異常突出，意味著某個能量系統所占的比重異常大，百分之五十？百分之六十？百分之七十？抑或更多？這是天才的性格，同時也是危險的性格，因為太失衡了，太容易發生衝突了。

第五章　人類精神機體的能量系統（D）
特別談談主控——享受系統／73

- 我們看，佛教所信奉的是佛，伊斯蘭教所信奉的是真主，儒教所信奉的是仁，基督教所信奉的是上帝，並且它們都分別宣稱：佛在我們心中，真主在我們心中，仁在我們心中，上帝在我們心中。既然同屬於人類，難道不同地域、不同信仰的人們心中會有不同的東西？
- 實際上，佛、真主、仁和上帝指的是同一種東西，我們人類心中共有這樣一種東西，我們人類心中只有這樣一種東西——它就是我們在第一章中提到的精神性地球，或稱為地球精神。
- 地球精神在人類精神生命的整個生長過程中都起著決定性的作用：它啟動了人類精神生命的萌生，它推動了人類精神生命的成長，最終它又將促成人類精神生命的成熟。
- 人類對自己的認識和掌握，就是對存在於自身內部的地球精神的認識和掌握，因為它是人之為人的樞機；人類對自然的認識和掌握，也是對地球精神的認識和掌握，因為地球精神乃地球萬物之精神的總和。人類吸收的文明成果越充分，就越能與存於自身

內部的地球精神接近、共振以至契合，從而使地球精神轉化為人類精神，使人類自我得以形成。

地球精神乃是整個的地球世界，我們享有了它，也就享有了整個地球世界。我們成了這個世界的主宰，這個世界就是我們自己，我們成了我們自己的主宰，我們要主宰好這個世界的事情，我們要主宰好我們自己的事情：從整體意義上講，是所有形成自我的人類成員共同主宰好地球世界的事情；從個體意義上講，是每個形成自我的人類成員主宰好自己的事情。

本書的一大宗旨就是揭去籠罩在地球精神上的神秘面紗，讓大家看到它的真實面目。以往我們聽慣了像「佛祖在你心中」、「上帝在你心中」以及「真主在你心中」之類的宗教說辭，今天我們要說的是：地球精神在我們每個人的心中。

對於漢語中的「人」字，我願做出這樣的解釋：左邊的一撇，指的是人所擁有的精神性地球、活動的精神生命；右邊的一捺，指的是人所擁有的物質性地球、活動的物質生命——少去哪一邊，「人」都不復存在。

許多人也看到了人與動物的區別，卻只認為這是量的區別，因而便把人說成是「高級動物」。然而，只要把人當成動物看待，無論把人看得多麼高級，都不會獲得對人的真正認識。人與動物之間有著質的區別，區別就在於有無精神生命。

地球精神存在於人類身上，具體地存在於人類每個成員的身上。當我們向外追逐的時候，我們身上的地球精神便隱遁起來；當我們向內返顧的時候，我們身上的地球精神才彰顯出來。

每個人內部的地球精神都是一樣的，但由於每個人所接受的東西——他出生的時間、他出生的地點、他的家庭情況、他的受教育情況、他所屬地區的風俗、他所屬時代的風尚、他所屬群體的價值標準及他所屬國家的社會制度等等等等，都與別人不盡相同，因而每個人的自我都與別人不一樣，而是各有各的特點。

形成自我需要的第一個條件：要達到相應的成長階段；第二個條件：接受的東西足夠多，既包括書本知識，也包括生活閱歷；第三個條件：進行的內省足夠深。此外，還有第四個條件：通過內省形成的自我還要與現實生活磨合，在現實生活中鍾煉，然後才能確定。

一個人的自我的形成，一方面，意味著這個人從他出生到他的自我形成的過程中在他身上所形成的一切都被整合進了他的生命系統中、或他的自我中，並為他的自我所掌握；另一方面，意味著一直潛在於他身上的地球精神已顯現出來，也為他的自我所掌握。這樣，他就有了相應的智慧、能力、行為方式及道德標準等，使他能夠主宰好自己的事務。

占人類成員絕大多數的沒有形成自我的人，也並不是都絕對沒有自我，這絕大多數人中的大多數人共同擁有一個「大眾自我」。大眾自我由宗教偶像、名人偶像、明星偶像、風俗人情、時代風尚、意識形態、社會制度、法律法規、家庭責任、地區利益及國家主義等成份組成，此外還有大眾傾向。

健康的精神生命是良好的生命，它的自然表現往往是良好的表現，這可能就是善的根源；有缺陷的生命——既包括有過足缺陷的生命，也包括有不足缺陷的生命——是不良的生命，它的自然表現往往是不良的表現，這可能就是惡的根源。

沒有人類整體的成熟，也就不會有人類個體的真正成熟；現在我們所看到的、或親身體驗到的個體成熟，都只是相對意義上的成熟。

真正成熟的人類是未來的人類，真正成熟的個人是未來的個人。

人類社會的進程呈現出逐漸匯聚的趨勢——由零匯整、由小聚大的趨勢：個人匯聚成家族，家族匯聚成城邦，城邦匯聚成國家，國家又匯聚成世界——人類世界形成一個統一的整體。

人類愈往上走，就愈接近自己！

第六章　精神機體的功能系統

功能系統的功能是什麼呢？一句話，認識、駕馭和改造地球萬物。萬物中有一物特殊，即人類自己：人類既是認識、駕馭和改造的主體，又是被認識、駕馭和改造的對象。

人類之所以是人類，是因為在人類的物質生命中寓有精神生命，當人類誕生之初，人類的精神生命還很幼弱，但就是這幼弱的精神生命，也使人類能夠從最低級的層次上開始對事物進行內在的認識和駕馭，而人類不斷對事物進行內在認識和駕馭的過程，就是一個不斷激活、不斷喚醒、不斷促生人類精神生命的過程。

從根本上來說，地球精神是不能揭示的，因為它是無法言喻的。它除了是基督教所指的上帝、伊斯蘭教所指的真主和佛教所指的佛外，還是中國哲人所說的道、至道、大道、天、天心、天理、一、大一、良知及良心等。我們不能真正地揭示它，只能越來越深地領悟它，並在領悟的基礎上遵循它。

🔔無數的宗教家宣揚過它，無數的哲學家探討過它，本書只是讓它由宗教家所立的外在偶像回歸到我們的內心，回歸到它應屬的位置上；讓它由哲學家漫無邊際的談論回復為具體化的實在，回復成它本來的面目。

🔔地球精神賦予了我們人類精神生命，精神生命賦予了我們人類對地球事物的高水平的外在認識和駕馭能力、對地球事物的獨有的內在認識和駕馭能力以及對地球事物的獨有的改造能力，還賦予了我們人類道義、權利、至高的尊嚴和神聖的使命等。

🔔進入21世紀，人類不能再以巨大的挫折或災難為代價換取短暫的清醒，人類應該經常地、主動地進行反思、反省或內省，用這樣的方式接觸存在於自身內部的地球精神，用地球精神的光芒照亮自已前進的道路，讓精神生命成為自身命運的主宰。

引言 人之為人：人的精神生命

我們又來觸碰這一千古難題，因為我認為解決它的條件已經成熟。

一

有象必定有體，解象須先知體。

我們明白陽光，是因為我們瞭解太陽；我們明白琴聲，是因為我們瞭解鋼琴；我們明白相片，是因為我們瞭解相機……

然而，我們明白從我們人類身上產生出的諸多現象嗎？大到我們人類所創造的一切文明成果，小到眼下你我正在做的事情：（此時）我在寫這本書，（在另一個此時）你在讀這本書。的確，是我們人類創造了這一切，是人類中的你我在做著這樣的事情，但是，是我們人類身上的什麼創造了這一切、在做著這樣的事情？是我們身上的生理生命嗎？許多動物有著與我們人類一樣的生理生命，它們卻創造不了這一切、做不了這樣的事情；同樣，我們人類身上的生理生命也創造不了這一切，做不了這樣的事情。

答案是：是我們人類身上的精神生命創造了這一切，是你我身上的精神生命在做著這樣的事情。

我們再換一個角度討論這個問題。我們知道，精神病學，無論從理論意義上講，還是從實踐意義上講，已產生很久，到現在已頗具規模。但是，精神病學卻是空中樓閣，因為，它建立的基礎是什麼呢？具體地問，精神病是產生自我們人類身上的什麼地方呢？不可能產生自我們的生理機體，因為那就屬於生理疾病、屬於醫學研究的範圍了。精神疾病只能產生自我們人類身上的精神機體。那麼，如果不瞭解我們精神機體的正常情況，怎麼能瞭解它的病變情況呢？論說起來，精神機體是體，精神疾病不過是象而已。與此相對的是，在人的生理機體的研究方面，生理學是研究其正常情況的學科，醫學是研究其病變情況的學科，醫學必須而且只能以生理學為基礎。同樣，在人的精神機體的研究方面，精神病學是研究其病變情況的學科，它必須而且只能以一門研究其正常情況的學科為基礎——這門學科大體上應該被稱作「精神學」，還有待我們去創立。

在創立這門學科之前，我們應該先探明人的精神機體的基本情況，包括它的結構、性能及運作方式等。

二

以上我們不過是用兩個方面的事實説明精神機體在我們人類身上的存在。的確，如果我們身上不存在這樣一個機體，我們人類和動物還有什麼區別，豈不是至今還在森林裏光著屁股採摘野果吃！

其實，我們人類關注這個機體已很久了，幾乎可以涵蓋人類認識自身的整個過程。在古代（並可上溯至遠古時代），它主要被中國哲人當作「心」問題探究，被西方哲人當作「靈魂」問題探究；進入近現代，則主要被當作「心理」問題探究。但是，所有這些探究基本上都是局限在「象」的層次上進行的，而沒有深入到「體」的層次上。不知體，對象的解析也就沒有堅實的基礎、根本的依據，也就難免錯訛屢現、矛盾百出。因而，你將古今中外研究人的專著讀上幾百種、甚至上千種，到頭來你對人的認識仍是一片茫然。

很明顯，如果不揭開人的精神機體的奧秘，也就不能達到對人的真正認識。有的學者已經意識到了這一點，20世紀初，德國哲學家、哲學人類學的創始人馬克斯・舍勒就指出：「如果存在著一個在我們這個時代需要拼命地尋求其答案的哲學任務的話，那麼它就是一門關於人的本質和構造的基本哲學。」

可能就在他發出這一呼籲的同時，情況已發生了一些變化。先是弗洛伊德提出：人的心理結構是由自我、本我和超我組成的。在他之後不久，榮格提出：人的心理結構是由自我、個人無意識和集體無意識組成的。他們的提法，使人聯想起中國古人也曾將「心」分為人心和道心。這些觀點涉及的都只是人的意識部分，而沒有涉及意識所賴以產生的機制：這樣的研究仍局限在「象」的層次上，而沒有深入到「體」的層次上。

在弗、榮之後，又一位產生巨大影響的心理學家馬斯洛並沒有在人的心理結構方面提出他的理論，但讀他的著作，我們一次又一次聽到他發出的與馬克斯・舍勒一樣焦灼的聲音：

看來，每個人出生時並不是社會可以任意塑造的一團陶土，而是已經具備了一種結構。我現在正苦苦思索這樣一個概念，即「基本的」或者「天然的」人格結構或者框架。

我們的確有一種性質、一種結構、一種類本能的傾向和能力的骨架結構，然則，從我們身上認清它，卻是偉大的、難以獲得的成就。

最重要的是這樣一個強烈的信念：人類有自己的基本性質，即某種心理結構的框架，可以像對待人格結構那樣來研究、討論它①。

……

馬斯洛的心理學研究基本上也是局限在「象」的層次上進行的，但由於他定位的準確（研究健康人、特別是自我實現的人）、非凡的才智以及鍥而不捨的努力，使他取得了輝煌的成就，並因此使人類對自身的認識達到了前所未有的高度。

三

我接觸馬斯洛的理論是在一九八七年。在那之前，一直縈繞於我腦海的一個問題是：人類有著各種各樣的精神追求，如對真理的追求、對愛情的追求、對自由的追求、對成功的追求等等，這些追求既然是從人身上產生出來的，那麼它們是不是產生自人身上的不同部位，這些不同的部位組成了一個有機的整體，而正是這個整體決定了人的特性呢？

關鍵的問題是：人到底有多少種精神追求呢？

我把隨時想到的、讀書時碰到的一種種精神追求都記到我的筆記本上，累積下來竟記到五、六十種之多。記的多了，我倒犯愁了：本來想為人的各種精神追求理出個頭緒，這下更沒頭緒可尋了。

正在此時，我有幸買到一本介紹馬斯洛理論的書，其中的「需要層次論」引起了我的濃厚興趣。這一理論認為，人的需要可以分為五個層次：

居於第一層次的是生理需要；
居於第二層次的是安全需要；
居於第三層次的是愛與歸屬需要；
居於第四層次的是尊重需要；
居於第五層次的是自我實現需要。

我想，這既是對人類需要在層次上的劃分，同時也是對人類需要在類型上的劃分。

雖然這五種需要並不都是精神需要，但它畢竟為從整體上認識人的需要提供了一個框架。

有了這個框架，我已隱約看到我尋覓已久的人類精神機體的輪廓。因為由它使我聯想起《黃帝內經》中的「藏象」理論。這一理論認為：人的生理機體是由五個分別以五臟為主的系統組成的，這五個系統大體上都是由一臟一腑一體一官組成的。具體的組成形式分別是：

系統	臟	腑	體	官
心所主系統	心	小腸	脈	舌；
肝所主系統	肝	膽	筋	目；
肺所主系統	肺	大腸	皮膚	鼻；
腎所主系統	腎	膀胱	骨	耳；
脾所主系統	脾	胃	肌肉	口。

另外，「藏象」理論還指出：當主體受到來自外部的不同精神刺激時，會在這五個系統中引發不同的精神反應，即情志。在此，我不一一羅列各個系統的各種情志，而將注意力集中在引導我進入人類精神機體的肝所主系統的情志──怒、肺所主系統的情志──

悲和腎所主系統的情志—恐。

到此，我們就觸及到了問題的關鍵部分——

問：怒這種情志是在什麼情況下產生的呢？

答：是在尊重需要得不到滿足的情況下產生的。

推論：那麼，尊重需要是不是產生自肝所主系統呢？

問：悲這種情志是在什麼情況下產生的呢？

答：是在愛與歸屬需要得不到滿足的情況下產生的。

推論：那麼，愛與歸屬需要是不是產生自肺所主系統呢？

問：恐這種情志是在什麼情況下產生的呢？

答；是在安全需要得不到滿足的情況下產生的。

推論：那麼，安全需要是不是產生自腎所主系統呢？

就這樣，我終於走進了人類精神機體，開始了對它內部情況的探究。

這一探究工作我已進行了十六、七年。八七年當年，我就把探究的初步結果寫了出來，那應該說是本書的第一稿。八八年我寫出第二稿。以後又斷斷續續地寫出第三稿。二〇〇二年三月一日，我開始寫這本書的第四稿，也即讀者現在所看到的這一稿。

①很抱歉，這幾段話是我當初讀馬斯洛著作時摘記下來的，卻沒同時記下它們的出處，現在暫時只能查到後一段話是出自《動機與人格》的第十六章《正常、健康與價值》，前兩段話的出處還未查到。

《動機與人格》，許金聲等譯，華夏出版社一九八七年十一月出版。

第一章　《黃帝內經》、五行學說與人類精神機體

既然我對人類精神機體的探究工作與《黃帝內經》聯繫在了一起，那麼就讓我們先來談談《黃帝內經》，談談《黃帝內經》的理論體系所賴以建立的「五行學說」。

一

應該說，發現人類精神機體的並不是我，而是《黃帝內經》；或者說，我發現《黃帝內經》所解析的人的機體，並不只是人的生理機體，同時也是人的精神機體。

為什麼這樣說呢？

讓我們先引述《黃帝內經》中的幾段文字看看——

心者，君主之官也，神明出焉。肺者，相傅之官，治節出焉。肝者，將軍之官，謀慮出焉。膽者，中正之官，決斷出焉。膻中者，臣使之官，喜樂出焉。脾胃者，倉廩之官，五味出焉。大腸者，傳道之官，變化出焉。小腸者，受盛之官，化物出焉。腎者，作強之官，伎巧出焉。三焦者，決瀆之官，水道出焉。膀胱者，州都之官，津液藏焉，氣化則能出矣。凡此十二官者，不得相失也。

——《素問・靈蘭秘典論篇第八》①

肝藏血，血舍魂，肝氣虛則恐，實則怒。脾藏營，營舍意，脾氣虛則四肢不用，五臟不安，實則腹脹經溲不利。心藏脈，脈舍神，心氣虛則悲，實則笑不休。肺藏氣，氣舍魄，肺氣虛則鼻塞不利少氣，實則喘喝，胸盈仰息。腎藏精，精舍志，腎氣虛則厥，實則脹，五臟不安。必審五臟之病形，以知其氣之虛實，謹而調之也。

——《靈樞・本神第八》

心者，五臟六腑之大主也，精神之所舍也，其髒堅固，邪弗能容也；容之則心傷，心傷則神去，神去則死矣。……

——《靈樞・邪客第七十一》

面對這樣的文字，誰能說得清它們解析的究竟是人的生理機體，還是人的精神機體呢？因而只能說：它們解析的既是人的生理機體，又是人的精神機體。

對比西方生理學，我們承認，那裏面解析的是地地道道的人類生理機體，而《黃帝內經》就沒有這麼「純粹」了。

為什麼會出現這樣的情形呢？

首先，在中國古人的意識中，生理與心理、或物質與精神的區別還不像我們現代人這樣明確。

其次，人體是人的精神機體與人的生理機體的混合體（我沒有用「統一體」這個詞），因而人體的絕大部分活動、絕大部分現象，你都很難說是純生理性的或是純精神性的，而只能說是精神機體與生理機體混合作用的結果。譬如吃飯，應該說是典型的生理活動，像動物那樣茹毛飲血、生吞活剝，我們承認是地地道道的生理活動；但我們人類，卻要對食物擇洗切，煎炒炸，要求有色香味，然後才開口進食。很明顯，人已對食物進行了再創造，而創造是唯獨精神機體才有的功能，只有生理機體的動物是創造不出任何東西的。因而，人的吃飯是一項兼具精神性與生理性的活動。

再次，《黃帝內經》作為一部醫學著作，它主要是闡示人的生理機體的病變情況及其治療方法。疾病，作為人體的一種現象，除去少量幾種外，絕大部分都不是單純的生理疾病或單純的精神疾病，而是精神機體和生理機體共同作用或相互作用的結果，這樣，《黃帝內經》在探究人的生理疾病的病因時，也就不可避免地涉及到了人的精神機體。

有人會問，西方醫學也是研究人的生理機體的病變情況及治療方法的，為什麼它就沒有涉及到人的精神機體呢？這是因為，西方醫學，正如前面所說，是建立在西方生理學的基礎上的，而西方生理學是建立在對人的屍體的解剖的基礎上的。當一個人死去時，首先他的精神機體已消失了，接下來他的生理機體也被解剖得七零八落，這樣西方生理學所揭示的人的生理機體就只是人體各部分器官、各部分組織機械的組合。因而，當人的生理機體的某一部位發生病變時，西方醫學不但不能從精神和生理兩個方面去探尋其原因，而且不能從生理機體的整體角度去探尋其原因，而只能「頭病醫頭，腳病醫腳」。而《黃帝內經》中的生理學理論是建立在研究人的活體的功能的基礎上的，而人體的絕大多數功能（包括精神功能和生理功能）的發揮，要靠人的精神機體和人的生理機體的共同作用，要靠兩個機體內部許多以至所有器官的協同作用。這樣，《黃帝內經》在向我們描摹出一個活生生的人類生理機體時，也向我們勾勒出了人類精神機體的輪廓。

也即，向我們揭示出一個集精神機體與生理機體於一體的人類生命機體。

將人的精神機體與生理機體混起來有混起來的好處，有利於我們從整體上認識人的活動、人的現象；分開來則有分開來的益處，有利於我們對兩個機體分別進行研究，這樣可以比較明確地瞭解各個機體的具體情況。

在中醫學對人的生理機體已研究了至少兩千多年、並已取得豐碩成果的今天，我們所要做的是：把中醫學中所涉及到的人的精神機體的部分抽離出來，對它們進行專門的、深入的、細緻的研究。

首先，人的精神機體的結構是什麼樣的呢？

很簡單，人的精神機體與《黃帝內經》中所揭示的人的生理機體的結構是一樣的，都是「五行結構」。

接下來，我們就談談「五行學說」。

二

縱觀古今中外，也許沒有任何一種理論、任何一種學說能像「五行學說」一樣，遭遇過如此大起大落的命運了，用從被捧至九天到被打入十八層地獄形容，恐怕也過分不了多少。

「五行學說」大概產生於殷朝，從秦漢始，便進入了它的「黃金時代」，並至少持續了上千年。在那個時代，「五行學說」可以說成了中國古人進行思維活動的基本平臺(就像現在被應用於絕大多數計算機的操作平臺——windows 軟件一樣)，涉入政治、軍事、天文、地理、醫學、農學、建築學等領域以及日常生活當中。另外，卜筮、星占、堪輿、相學、符咒及煉丹等迷信活動也藉「五行學說」興妖作怪，蠱惑人心。正是這些迷信活動導致了「五行學說」後來的厄運，以至到近現代，它被當作「迷信的大本營」掃進了「回收站」。

「五行學說」這種不正常的遭遇，倒並不怪乎「五行學說」本身，而是反映了我們心智的不正常。它既不像我們祖先所認為的那樣神乎其神、無所不能，也不像我們現代人所認為的這樣毫無價值、不值一提。「五行學說」作為一種思維工具、一種方法論，像任何工具、任何方法論一樣，也有它的適用範圍：在這個範圍外使用，難免要出現謬誤；在這個範圍內使用，它還是很有價值的——中醫學不是藉助它而取得了大量有益於人類的輝煌成果麼！那麼，「五行學說」的應用範圍在哪裏呢？

讓我們從「五行學說」的來源說起。

關於「五行學說」的來源，學術界有好幾種觀點，比較可靠、並得到公認的只有一種，即「五材說」。「五材說」可以說是一種對世間萬物進行分類的學說，它認為世間萬物可以分為金、木、水、火、土五類物質。

能將世界紛繁多樣、數不勝數的物質分為五大類，說明已具備了相當高的概括能力。我感興趣的是原始意義上的「五材說」，或曰「五材說」之前的「×材說」。

動物對世間萬物的認識是即時即地式的，因而是零散的。人類在剛產生的時候，對世界的認識差不多也是這樣。我們前面說過，人類之所以是人類，在於它擁有精神機體。隨著其精神機體的發育，人類首先具有了貯存能力，既能貯存物質實物也能貯存對物質認識的結果。日積月累，貯存的東西逐漸多了起來，同時人類的精神機體也發育到了新的水平，這時人類就開始對貯存的東西進行整理，這項工作的第一步就是分類。在中國先人（比古人還要古的人）對世間萬物進行分類的同時，印度先人和希臘先人也在著手做同樣的事情。開始的時候，可能分出十幾類、幾十類乃至上百類，就像當初我對人的精神追求的分類那樣。經過反覆的篩選，最後印度先人將世界萬物分為地、火、風、水四類；希臘先人分為水、火、土、氣四類；中國先人則是分為金、木、水、火、土五類。

但是，這三種分類結果都有明顯的缺陷，即不該把火、風羅列進去，因為它們屬於物質的現象，而不是物質，因而應予刪除。刪除的結果，印度先人的分類只剩下兩類，希臘先人的只剩下三類，中國先人的則只剩下四類。

現在我們將注意力集中到我們祖先留下的這份遺產上。我們發現，在將火刪除掉以後，金又可歸併到土中，這樣只剩下了土、水、木三類物質。這是不是意味著「五材說」以至「五行學說」破產了呢？不！因為恰好有另外兩種物質應被列進來：一是氣，二是動物。這樣新的分類結果仍是五類，即：土、水、木、氣和動物。不過，我覺得將「土」改為「地」、將「木」改為「植物」更好一些，它們與五行的對應關係應該是：土行─氣；金行─地；水行─水；木行─植物；火行─動物。

這一分類結果正確與否，我想它應符合三個原則：

1. 都是物質——沒有像火、風之類的現象；

2.不可兼併——五類物質中任何一類都不能被兼併到其它類中；

3.此外無物——世界萬物沒有不能被歸併到這五類物質中的。

讀者朋友不妨用這三個原則衡量一下這一分類結果的正謬。分類分好了，系統也就出來了。因為每一類物質組成一個系統，這五個系統共同構成一個有機的整體。這個整體是什麼呢？它就是我們賴以生存的地球世界。現代科學認為，地球的表面結構是由大氣圈、水圈、岩石圈和生物圈組成的，如果再將生物圈細分為植物圈和動物圈，就與我們以上的劃分結果基本上一致起來了。

有人會說，五行指的不是五種物質，而是五種形態、五種功能或五種屬性。對此，我的回答是：「五行學說」的內容非常豐富，可以分出許多個層次，而它的基礎、它的第一個層次必須是、也只能是五種物質，因為形態也好，功能也好，還是屬性也好，都不能單獨存在，而必須依附於物質，因為它們都是在對物質進行觀察和研究的基礎上總結出來的，都是五行學說中次於五種物質的另外幾個層次，都是在五種物質的基礎上推演出來的。可能正是由於這些推演，才使「五行學說」避免了解體的厄運，因為正如前面所述，作為五行學說之來源的「五材說」有著明顯的缺陷。

儘管這樣說，我們卻可以拋開這一切，而認為最使「五行學說」免於解體之厄運的是：我們的祖先抓住了「五」這個數字。因為我們地球世界的結構是由五個系統組成的，所以抓住了「五」這個數目，就抓住了我們地球世界的關鍵，切中了我們地球世界的肯綮：這才是「五行學說」最神奇、最有價值的地方。

如果有人對地球世界的結構是由五個系統組成的這一觀點持有疑議，那麼我再給你舉一個事實：《黃帝內經》揭示出的人類生理機體也是由五個系統組成的②。人類生理機體是地球世界的產物，既然人類生理機體是由五個系統組成的，那麼地球世界也是由五個系統組成的，兩眼一鼻的子女不可能由兩鼻一眼的父母生育出來。

如果有人對人類生理機體是由五個系統組成的也持有疑議，那麼我還可以再舉一個事實：我們人的手指為什麼偏偏是五個？答案是：因為我們的生理機體是由五個系統組成的，它的各個部位也相應地是由五個系統組成的，五個手指分別代表著五個系統。手是這樣，腳是這樣，眼、耳、頭等部位是這樣，甚至手上的一個手指、腳上的一個腳趾也是這樣。

同樣，既然地球世界是由五個系統組成的，那麼地球世界的所有產物也都是由五個系統組成的：地球世界在結構上統一於五行結構。

但是，不同等級的產物卻在結構上有完整與不完整的區別，人類生理機體是結構最完整的產物之一。這一點，我們留待後面細論。

由此得出的結論是，五行學說適用於研究地球世界的產物，也即自然界的產物（如上面所提到的地球機體、人類生理機體等），卻不適用於研究自然界的現象，因為前者具有確定性，而後者不具有確定性。同樣，五行學說也不適於研究人文領域的現象。至於人文領域的產物，因為只有很少一部分具有確定性，所以「五行學說」也很少能適用。

關於「五行學說」不適用和很少能適用的地方，下面我舉幾個例子談一下。

一、聲音。無論自然界的聲音，還是人為的聲音，都屬於象。有人套用「五行學說」，將聲音分為宮、商、角、征、羽五個音階，現代人則分為1、2、3、4、5、6、7七個音階，其實也可分為21個（高、中、低各七個音階）。為了能將聲音與「五行」套上，所以只分五個音階，這就實在是削足適履了。

二、時令。寒暑更替，是自然界的現象。人們為了把握一年中寒暑交替的規律，分出春、夏、秋、冬四個季節。有人為了在這方面套用「五行學說」，硬從夏季中又分出個長夏以湊成五季。但季節是人為劃分的結果，可以分成四季，又可分成一季（如赤道地區），也可分成兩季（冷季和暖季），還可分成六季（每兩月一季）、十二季（每月一季）及二十四季（每個節氣一季）……總之沒有什麼確定性可言，「五行學說」如何適用？

三、五德終始說。「五德終始說」是戰國末期齊人鄒衍將「五行學說」應用於政治領域而建立的一套學說。鄒衍的著述基本上都已失傳，但在《呂氏春秋・應用篇》中保留著關於「五德終始說」的比較完整的記述，由於篇幅不長，我們茲引述如下：

凡帝王之將興也，天必先見祥乎下民。黃帝之時，天見大螾大螻。黃帝曰：「土氣勝！」土氣勝，故其色尚黃，其事則土。及禹之時，天先見草木秋冬不殺。禹曰：「木氣勝！」木氣勝，故其色尚青，其事則木。及湯之時，天先見金刃生於水。湯曰：「金氣勝！」金氣勝，故其色尚白，其事則金。及文王之時，天先見火赤烏銜丹書集於周社。文王曰：「火氣勝！」火氣勝，故其色尚赤，其事則火。代火者必將水，天且先見水氣勝。水氣勝，故其色尚黑，其事則水。水氣至而不知，數備將徙於土。

現代人一眼就能看出這是一套荒唐可笑的杜撰，但「五德終始說」卻影響中國的政治歷史長達兩千多年之久。實際上，王朝的興替、帝王的更換基本上都是人為的結果，其中很少有確定性可言，因而套用「五行學說」進行解釋和預測就過於荒謬。

至於董仲舒將五行學說套用到倫理領域，就更是牽強附會了。類似這樣的事例還可舉出許多，總之誤用、濫用「五行學說」的現象非常嚴重。實際上，在第一部比較完整地記載「五行學說」的典籍《尚書》中，「五行學說」就被應用於事、德、福及庶征等不適用的地方。謬種流傳，愈傳愈謬，到後來連許多巫術也借「五行學說」樹起自己的大旗，壯己聲威，唬弄衆生，使「五行學說」背上了很壞的名聲。

以至於到現在，誰若對「五行學說」感興趣，人們就認為他有迷信思想；以至於到現在，學者們大都不敢、不願或不屑涉足「五行學說」，想找一本專門介紹和研究「五行學說」的書都很困難；以至於到現在，不但外國人不瞭解中國的「五行學說」，連中國人自己對它都很隔膜。

如此對待一種在中國歷史上產生長達兩千多年廣泛影響的學說，是很不應該的事情。我想，我們現在應該正視「五行學說」，撥開籠罩在它身上的重重迷霧，解開纏繞在它身上的層層亂藤，還原一個樸素的「五行學說」，或重建一個科學的「五行學說」，從頭理清它的內容，重新確立它的價值。

如此，「五行學說」必將大有益於現代人類③。

三

前面已經說過，「五行學說」的內容非常豐富，可以分出許多層次，現在，我們只粗略地勾勒以下幾個層次。

居於次一層次的是「五行歸類論」，即將世間萬物分為五大類，它們不是金、木、水、火、土，而是氣、地、水、植物、動物。

居於再次層次的是「五行系統論」，即五大類物質中每一類構成一個系統，它們共同組成一個有機的整體，如果金、木、水、火、土不是專指五類物質，我們仍用它們作為五個系統的名稱。

接下來的層次有——

「五行關係論」，即五個系統之間具有相生相剋相乘相侮的關係，以共同維持整體的動態平衡；

「五行性能論」，即五個系統中，土行系統具有稼穡的性能，金行系統具有從革的性能，水行系統具有潤下的性能，木行系統具有曲直的性能，火行系統具有炎上的性能。

以上幾個層次的內容，是人們公認的、經常提到的「五行學說」的內容。另外，我認為，「五行學說」中還有一個層次的內容，即「五行生成論」。這一層次的內容按說應從屬於「五行關係論」，但「五行關係論」解析的是「關係」，而「五行生成論」解析的是「過程」，因而應被視為一個單獨的層次。

「五行生成論」的內容是：從土行生化出金行，從金行生化出水行，從水行生化出木行，從木行生化出火行的過程，構成了一個有機整體的整個形成過程。

下面，我就用「五行生成論」解析一下地球機體的形成過程。

最早的時候，地球只是一個巨大的氣團，這時它正處於它的土行—氣系統的形成階段；

土行—氣系統形成以後，慢慢地，它自身發生了分化，其中輕清的部分仍氤氳在周圍，繼續作為土行—氣系統存在；而其中重濁的部分則向中間凝聚，開始形成金行—地系統；

金行—地系統形成以後，它與土行—氣系統時時相濡，久而久之，地面上就出現了水，這就進入了水行—水系統的形成階段；

有氣、地和水，便為生命的出現提供了條件，於是地球世界漸次進入了木行—植物系統和火行—動物系統的形成階段④。

這一過程呈現出兩個特點——

一是量的由大到小：氣系統大於地系統，地系統大於水系統，水系統大於植物系統，植物系統大於動物系統。

二是質的由低到高：氣系統低於地系統，地系統低於水系統，水系統低於植物系統，植物系統低於動物系統。

此外，這一過程還有更為重要的一個特點：前面的系統在生化出後面的系統之後，一方面它或它們繼續存在，一方面它或它們又內化到了後面的系統中，成為後面系統中的子系統。因而——

氣系統有一個系統：氣系統；

地系統有兩個子系統：氣系統和地系統；

水系統有三個子系統：氣系統、地系統和水系統⑤；

植物系統有四個子系統：氣系統、地系統、水系統和植物系統；

動物系統有五個子系統：氣系統、地系統、水系統、植物系統和動物系統。

這就是為什麼我們人類和動物的生理機體都有五個系統的原因。

這也就是為什麼說地球萬物都是同構的、都是五行結構、但有全與不全的原因。

這還只是從結構上說的，在前面系統內化到後面系統中去的同時，前面系統中的內容也隨著內化到了後面的系統中。

因而，我們人類和動物（特別是高級動物）的生理機體在結構上最完整、在內容上最完備。

因而我們人類和動物的生理機體可以說是濃縮了的地球：與地球機體一樣，我們人類和動物的機體也是由氣系統、地系統、水系統、植物系統和動物系統組成的。

作為生命機體的五個系統，它們也要進行生命活動，因而也要不斷地吸收入能量。人類和動物生理機體內的五個系統需要不斷地從地球機體的五個系統中分別吸收入相應的能量。這一點就為每個人所熟知了，因為：

我們體內的氣系統需要不斷地從地球氣系統中吸收入空氣；

我們體內的地系統需要經常地從地球地系統中吸收入鈣、鐵、磷、鋅等礦物質；

我們體內的水系統需要經常地從地球水系統中吸收入水；

我們體內的植物系統需要經常地從地球植物系統中吸收進糧食、蔬菜、水果等；

我們體內的動物系統需要經常地從地球動物系統中吸收進肉。

在即將結束這部分敘述的時候，我想提一個在我腦海中縈繞了很久、與這部分內容有關的問題。

如果我們談論一個人，譬如張三，他為什麼長成這樣一副樣子，我們會歸因於他父母的遺傳。如果我們問，為什麼我們人類長成這樣一副樣子，我們可以歸因於地球的造化，因為地球是我們的父母。然而，地球為什麼長成這樣一副樣子，我們是不是也該歸因於地球的父母？那麼，地球的父母是誰，他們又在何處呢？

前面我們在敘述地球形成過程的時候說到，地球最初的時候只是一個巨大的氣團，但那個氣團不是工廠煙囪裏冒出的煤煙，不是農村土路上馬車過後揚起的灰土，不是春季從中國北邊刮來的沙塵——在幾十億年前的那個氣團中，是不是已潛藏著形成今天這樣一個地球的種因，而這個種因又是從何處而來的呢？

這是一個非常非常難以解答的問題，卻也是一個非常非常耐人尋味的問題。

四

現在我們要解決的問題是：人的精神機體是從哪裏來的；或者，人的精神機體是如何形成的？

人的精神機體也是自然界的產物，也是自然界演化的結果。

在上一節中，我們介紹了地球機體的形成過程，但那是物質性地球機體，我們可以稱為地球物質機體。它的形成過程呈現為它的五個系統漸次形成的過程，相應地，這五個系統也是物質性的。

在這個過程中還發生了什麼呢？

在地球物質機體形成的過程中，還伴隨著地球精神機體的形成過程，它同樣呈現為它的五個精神系統漸次形成的過程。這五個精神系統與五個物質系統是一一對應的，在每一個物質系統形成的過程中，還伴隨著一個精神系統的形成過程。

當第五個物質系統在某類物質身上形成時，這類物質便動了起來，因而它被稱為動物；同樣，當第五個精神系統在某類精神身上形成時，這類精神也動了起來，按照傳統的叫法，我們稱它為靈魂。

某類精神！難道精神也可分類嗎？可分，也不可分。

之所以說可以分，是因為在只有一個物質系統的氣身上有著一個只有一個精神系統的東西，我們不再專門為它命名，只稱它為氣精神系統，相應地還有有著兩個精神系統的地精神系統、有著三個精神系統的水精神系統、有著四個精神系統的植物精神系統和有著五個精神系統的動物精神系統。從這個意義上講，「萬物有靈論」是正確的。

之所以說不可以分，是因為精神作為整體才能存在。這一點不同於物質，物質可以作為只有一個系統的氣存在，可以作為只有兩個系統的地存在，可以作為只有三個系統的水存在，也可以作為只有四個系統的植物存在，還可以作為有著五個系統的動物存在，但精神卻只能作為有著五個系統、並且這五個系統有機地統一為一個整體的靈魂才能存在。從這個意義上講，「萬物有靈論」又是錯誤的。

由此，就涉及到了本書的一個重要命題，即：**精神是一個整體**。

由此，就需要對前面的一句話給予糾正。這句話是：「當第五個物質系統在某類物質身上形成時，這類物質便動了起來，因而它被稱為動物；同樣，當第五個精神系統在某類精神身上形成時，這類精神也動了起來，我們稱它為靈魂。」這句話的前半句是正確的，即：「當第五個物質系統在某類物質身上形成時，這類物質便動了起來，我們稱它為動物」。的確，當第五個物質系統在這類物質身上開始形成時，這類物質便動了起來，但最先動的是最低級的動物。從開始形成到完全形成，經歷了一個漫長的過程，在這個過程進行當中，出現的動物越來越高級。當這個物質系統完全形成時，地球物質機體也完全形成了，其標志就是最高級動物的產生。

這句話的後半句是：「當第五個精神系統在某類精神身上形成時，這種精神也動了起來，我們稱它為靈魂。」這後半句就說得不正確、或不準確了。實際上，無論在第五個精神系統在這類精神身上開始形成時，還是在形成過程中的任何一個階段上，這類精神都沒有動。一直到第五個精神系統完全形成時，這類精神才動了起來，這就是靈魂。其原因也就是：精神是一個整體，因而只有作為一個整體才能存在。

靈魂的出現，或者靈魂的形成，標志著地球精神機體的形成。靈魂是伴隨著最高級動物的形成而形成的，它是在最高級動物的內部形成的，這種有靈魂的最高級動物有了一個新的名字——人類。

人類的出現，既標志著地球物質機體的形成，也標志著地球精神機體的形成，也就是說，地球物質機體的形成過程和地球精神機體的形成過程同時完結於人類的出現。自從生化出人類以來，地球世界就再沒有生化出更高級的產物，無論是物質方面的，還是精神方面的。

自從人類出現以來，地球世界的發展就由自然的進化轉變成了人為的創造。在這個過程中，人類既使自己的精神機體得到成長，同時也創造出了今天我們所看到的這樣一個文明世界。

當然，儘管人類已在地球上出現幾百萬年，但人類的精神機體卻遠未成熟，人類還經常做出許多幼稚而愚蠢的事情；人類所創造的文明世界也遠未完善，還有著許多不文明的地方。因而人類還要進行長期艱苦的努力，既使自己的精神機體漸趨成熟，也使自己創造的文明世界日臻完善。

五

上一節中我們談到，當第五個物質系統在某類物質身上開始形成時，這類物質便動了起來；當第五個精神系統在某類精神身上完全形成時，這類精神便也動了起來。由此我們揣想，「五」這個數字大可能是激活地球世界的密碼：輸入這個密碼，地球世界才活動起來；不輸入這個密碼，地球世界則處於寂然不動的狀態。

另外，地球世界的結構是五行結構，所以抓住了「五」這個數字，也就從整體上把握住了地球世界——「五」這個數目又對應著地球世界的整體性。

因而，上面所說的「動」是整體的動。能動的物質——動物是這樣：動物是包含有五個物質系統的整體；能動的精神——靈魂也是這樣：靈魂是包含有五個精神系統的整體。

因而，中國人由於建立起了「五行學說」，也就從整體上把握住了動態的地球世界。但我認為，「五行學說」只是「蛋」而已，中國人的思維方式才是「雞」。中國人的思維方式就是：整體地、動態地看待地球世界。至於這種思維方式是先天的，還是由地理、氣候、生產方式及生活方式等後天因素造成的，現在還不好下結論，但正是有了這個「雞」，才有了「五行學說」這個「蛋」。

與中國人相反，西方人的思維方式則是靜態地、孤立地看待地球世界。地球世界本來是一個整體，西方人卻把它孤立成一個個的部分進行靜態的分析研究。西方人認識世界的理論基礎大概就是希臘先人提出的「四根說」（即認為地球萬物是由水、火、土、氣四類基本物質組成的），但無論是四類物質還是由四類物質構成的四個系統，都不能構成地球世界的整體，都不能激活地球世界。這種思維方式的弊處就是我們常說的「只見樹木，不見森林」。但它的益處也很明顯，即：西方人對他們孤立起來的每一個部分都進行了深入而細緻的研究。這一點可以說表現在西方文化的每一個領域，單就生理學領域而言，西方人不僅研究透了人體中的每一個系統、系統中的每一個器官，而且研究透了組成器官的組織、組成組織的細胞以及組成細胞的細胞核、細胞質、細胞膜……直到今天，西方人還在執著地繼續細分下去。

西方人卻不能把他們研究透了的各個部分組合成一個有機統一的整體。有人會說，西方生理學所揭示出的人類生理機體不是一個有機統一的整體嗎？這與其說是一個有機統一的整體，不如說是一個機械組合的「全體」。組成人體的各個零件、各條線，西方人都清理出來了，並且他們對各個零件、各條線都進行了精細的研究，然後他們把各個零件組裝起來，用線連好，再通上電——於是我們看到了什麼呢？看到的是一個電器，一個機械，一個只能吃喝拉撒睡的植物人，一個動不起來的人體。用對它的認識結果不但不能解釋人的種種活動，就連動物的追逐、打鬥、嬉戲、好奇及求偶之類的活動也解釋不了。

上面提到了植物人，實際上我一直在想，西方人的思維方式與植物水平上的地球世界相契合：西方人認識世界的基礎是「四根說」，植物機體也是由四個系統組成的；西方人的思維方式是靜態的，植物也是靜態的……二者還有許多相通的地方，在此我們就不細論了。

以上這段話好像是在貶低西方人，但我說的是一個方面的事實。我要說的另一個方面的事實是：中國人好像是揭示出了一個整體的、動態的人類生命機體，但是，中國人卻沒有研究好這個機體中的任何一個器官，即便心肝肺脾腎這些器官名稱，在中醫學中所指的也並不是五個器官，而是五個分別發揮著某種特定功能的系統。實際上，中醫學所揭示出的人類生命機體，主要就是這五個系統的關係而已。如果對一個整體的各個部分缺乏精細的研究，那麼所揭示的這個整體就只是一種表象而已。如果把人體比作一座山，那麼中國人是站在山頂，能看到山的全貌，卻看不清山的各個部分；而西方人，對山的各個部分都進行了精細的考察，卻看不到山的全貌。

看來，在貶低西方人的同時，我們也無法抬高自己。無論西方人的思維方式，還是我們中國人的思維方式，都不是健全的思維方式。健全的思維方式應該是：既能像中國人一樣進行動態的整合，又能像西方人一樣進行靜態的分析；在把握好動態整體的的同時又能進行靜態的分析，在進行靜態分析的同時又不失去動態的整體。

六

前文曾提到「當第五個物質系統在某類物質身上開始形成時，這類物質便動了起來；

當第五個精神系統在某類精神身上完全形成時，這類精神便也動了起來」，在此我想特另談談其中「開始」和「完全」兩個詞的含義。

當第五個物質系統剛開始在動物身上形成，動物就動了起來，也就是說，第五個物質系統還沒有在動物身上完全形成，特別是還沒有與其它四個物質系統統一為一個整體；也就是說，動物的動並不需要五個物質系統的統一；最關鍵的是：物質不具有統一性。

精神則不一樣，當第五個精神系統完全形成，特別是已與其它四個精神系統統一為一個整體時，靈魂才動了起來；也就是說，精神之動需要五個精神系統的統一；最關鍵的是：精神具有統一性。

這個問題非常非常重要，它是決定人之為人的關鍵，到後面我們還會好好探討。在此我先舉兩個事例簡述一下。

第一個事例是：動物的行為沒有統一性，餓了牠就吃，渴了牠就喝，困了牠就睡，鼓了牠就拉撒……非常隨意，非常機械；而人，由於精神具有統一性，所以人的行為往往出於前思後想、統籌兼顧，所以人能建立統一的自我，所以人的行為具有統一性，所以將來人類能夠建立一個統一的、健全的、美好的人類世界。

第二個事例是：水泥、鋼筋、磚瓦及玻璃等物質並不能構成一個整體，是人的設計和建造使它們構成了樓房這樣的整體，而設計和建造都是出於人的精神機體的作用。

類似這樣的事例還可以舉出無數個。

地球物質機體的形成過程和地球精神機體的形成過程同時完結於人的出現，因而人的生命機體既是一個有著五個物質系統的物質機體，又是一個有著五個精神系統的精神機體。

因而，無論從物質意義上講，還是從精神意義上講，人的生命機體都是一個濃縮了的地球。

由於人的物質機體沒有統一性，而人的精神機體具有統一性，因而人的生命機體統一於人的精神機體。相應地，地球世界也是統一於地球精神機體，具體地說，是統一於人的精神機體。

因而，將人類說成是宇宙之主宰是過分抬高了人類，將人類說成是一具軀殼、一粒微塵又是過分貶低了人類。確切地講，人類是地球世界的最高產物，也是地球世界的主宰。

但是，由於人類的精神機體還遠不成熟，人類還很不勝任他作為地球主宰的職責。

另外，研究一個對象，首先應該為它選擇一個合適的背景：研究阿膠，就應選擇山東省東阿縣作為背景；研究煤塊，就應選擇煤礦作為背景；研究北極熊，就應選擇北極作為背景……選擇的背景不當，就會使所研究的對象失去很多原貌，所獲得的研究成果就會大打折扣。宋儒真德秀有句話說得好：「不欲於賣花擔上看桃李，須於樹頭枝底見活精神也。」

那麼，研究人類的合適背景是什麼呢？選擇宇宙作為背景是太大了：同無邊無際、無始無終的宇宙比起來，人類真等同於區區微塵、曇花一現；選擇社會以至實驗室又太小了：社會生活並不能反映人的全貌，而在實驗室裏研究人類更如同管中窺豹。

人類既然是地球世界的產物，又以地球世界作為自己的生存環境，那麼研究人的恰當背景就應當是地球世界。

七

人類生命機體是地球世界的縮影。前面我們主要從結構方面講述這個觀點，下面我們再從內容方面講述一下。

人類精神機體和人類物質機體內分別包含著什麼內容呢？這還須從地球精神機體和

地球物質機體說起。

地球物質機體內包含的當然是物質，地球精神機體內包含的當然是精神。物質的基本存在⑥是質料——我稱之為物質質料，精神的基本存在則是精神質料。最初的時候，地球只是一大堆物質質料，在物質質料內則包含著相應的精神質料；隨著地球的演化，物質質料按一定的方式組合起來，成了物體，物質質料中的精神質料也按一定的方式組合起來，成了物體的精神；具有同樣組合方式的一種種物體組合成一類物質，這類物質構成了一個物質系統，這一種種物體內的精神也相應地組合成一類精神，這類精神構成了一個精神系統；舊的物質系統生化出新的物質系統，新的物質系統又生化出更新的物質系統，最後總共形成了五個物質系統，這五個物質系統共同構成了地球物質機體，相應地，最後總共形成的五個精神系統共同構成了地球精神機體。

地球物質機體的生成過程和地球精神機體的生成過程同時完結於人的出現，因而，從內容的角度講，人的物質機體是地球世界所有物質的總和；人的精神機體是地球世界所有物質之精神的總和⑦。

至於最初的物質質料、最初的精神質料是如何進一步演化成了有機體，有了生命；生命又是如何一步步演化，演化出了一級高過一級的生命，直到演化出人類這種最高級的生命——這是當代地球科學、生命科學等領域正孜孜探究的一個艱深課題。本書當然不能解決這個課題，我們將會在以後的研究中，結合關於這個課題的所有科研成果，對這個過程做出盡可能系統、盡可能詳細、盡可能準確的解述。

①《黃帝內經》分為「素問」和「靈樞」兩大部分。

②有的朋友會說，《黃帝內經》是根據「五行學說」推導或揭示出人類生理機體的構成情況的，當然會認為人類生理機體是由五個系統組成的。但經過數千年（中醫）的醫療實踐，「人類生理機體是由五個系統組成的」已作為一種客觀事實為人們所接受，而不再依附於「五行學說」；「五行學說」只是人們用於認識和把握這一客觀事實的工具而已。

③我個人認為：天人合一論、中庸之道和五行學說是中國古典哲學中最有價值的三種思想。

④請原諒我如此簡略地敘述這一過程，因為這是一個非常複雜的過程，至今還是自然科學中一個難以攻克的課題。在此我只是想說，「五行學說」可以應用於研究這一課題，從事這方面研究工作的讀者不妨一試，或許有助於早日解決這一課題。

⑤也許有的讀者對於水系統中含有地系統覺得不好理解，我們知道，水系統主要指的是海洋，而據我手頭的一份資料介紹：如果把整個地球上的海水加以提煉，可得到五五〇萬噸黃金、四億噸白銀、四十億噸銅、一三七億噸鐵、四一億噸錫、二七億噸鋇、七十億噸鋅、一三七億噸鉬、一三七億噸鋁和使整個地球表面增高一五〇米的鹽。這麼多礦物質，即便不是全部，也是相當大一部分屬於地系統，因而暫時我只從這個意義上解釋為什麼說水系統中包含有地系統。我們可以通過進一步探討，得出一個比較完善的答案。

⑥說「基本存在」而不說「基本單位」，因為基本單位指的是分子或原子。這樣的話就成了物理學的論述方式。

⑦也許人們已習慣於把我在這裏所提的人類物質機體和人類精神機體說成「人類生理機體」和「人類心理機體」。如果不涉及人類精神機體，那麼生理一詞的含義就很純粹，主要指的是人的物質機體以及動物的生命機體的基本情況。但是，一涉及到人的精神機體，「生理」的含義就模糊了，因為就字義而言，「生理」主要指的是生命機體的性質、規律及構造原理等，它既可以指人的物質生命，又可以指人的精神生命，因而本書為避免引起混亂，將人的生理機體改稱為「人的物質機體」。

至於為什麼沒沿用「人的心理機體」這一名稱而改稱「人的精神機體」，是因為許多年來我一直不滿於西方人用他們的分析方式將人的精神機體拆卸得七零八落後建立起來的心理學。在許多心理學分支和心理學著作中，我們總看到堆積著注意、氣質之類的東西，很難看到整體的人。只是在以弗洛伊德為代表的精神分析心理學中看到半個人（動物人），在以馬斯洛為主的人本主義心理學中看到整個的人。人本主義心理學陣營的代表人物當然非馬斯洛莫屬，他將他的心理學研究定位在活生生的人、健康的人以至傑出的人身上，是一種非常高明的選擇，這是他的心理學研究成就卓著、影響巨大的重要原因。但是馬斯洛所揭示出的整個人，從很大意義上來說只是一種表象，至少他沒吸納進19世紀德國哲學中的心理學和中國宋明理學中的心理學中所具有的那種深邃、那種恢弘。而這種深遽、這種恢弘是人身上所固有的，並不是誰想加就能加上去的。也許，讀者在讀完我的這本小書之後，就會明白我所期望的心理學是一種什麼樣的心理學了。而且，我們必須真正建立起這種心理學，才能為真正解決人的問題提供理論基礎。

第二章　人類精神機體的能量系統（A）
先從總體上說說

本書的主題是人類精神機體。由於人類精神機體與人類物質機體是一對雙胞胎（一對體相同、性相異的雙胞胎），所以在談這個的時候不能不扯到另一個。

就我們的主題而言，前面可以說主要是從外部的角度、形成過程的角度粗略地勾勒了它的輪廓。從現在開始，我們從內部的角度、運作的角度繼續對它進行探究。

極其複雜的人類精神機體在構造上倒類同一部簡單的手機，也是由功能部分和能量部分組成。它的能量部分是以五臟為主的部分，它的功能部分是以大腦為主的部分。

下面，我們首先進入它的能量部分。

一

人的精神機體作為生命機體，在不斷地進行著生命活動，也就在不斷地損耗著能量，因而也就需要不斷地補充能量。人的精神機體需要補充的是什麼能量呢？

前面我們在探究人的物質機體時說，人的物質機體是地球物質機體的縮影。反過來，地球物質機體又是人類物質機體的生存環境，人類物質機體需要從地球物質機體中補充能量，具體地說，是人類物質機體的五個系統需要分別從地球物質機體的五個系統中補充進地、氣、水、木、肉五種能量。人的精神機體是地球精神機體的縮影，按說它的五個系統也需要分別從地球精神機體的五個系統中補充進五種相應的能量。地球精神機體的五個系統中分別包含著什麼東西呢？直接的答案：五種精神！但精神是一個整體，「五種精神」的提法不能成立。而若總括為「精神」，又無法展開我們的探究工作。

讓我們暫且先回到它們的出口處，從它們與外界的交流中一點點摸索它們的踪跡。

既然人的精神機體是地球精神機體的縮影，那麼研究地球精神機體就應從研究人的精神機體入手。在引言中，我們結合馬斯洛的「需要層次論」和中醫學的「藏象學說」，初步確定人體的肝主系統（以肝為主的系統）需要的能量是尊重，肺主系統需要的能量是愛與歸屬，腎主系統需要的能量是安全。但是，人類精神機體從根本上需要的並不是這些能量，而是由這些能量形成的東西。這些東西是什麼，我們在本書中將進行初步的探究。

事實上，人類物質機體從根本上需要的也並不是地、氣、水、木、肉，而是由這些物質形成的某些東西，如維生素、蛋白質之類；而且即便維生素、蛋白質之類也不是人體從根本上需要的東西，而是其它什麼東西。至於具體是什麼東西，這是有關學科已揭示或正研究的問題。

因而，尊重需要、愛與歸屬需要及安全需要等，不是人類精神機體的目的性需要，而是手段性需要。我們暫且從這個層次上研究人類精神機體所需要的能量。

肝主系統需要的是尊重，肺主系統需要的是愛與歸屬，腎主系統需要的是安全，那麼心主系統和脾主系統需要的各是什麼呢？

馬斯洛「需要層次論」列出的基本需要是五種，人類精神機體的系統恰好也是五個，如果按照這二者的對應關係推的話，那麼心主系統的需要應該是自我實現需要，脾主系統的需要應該是生理需要。

但並非如此簡單，在此我們先指出馬斯洛「需要層次論」中的三個錯誤。

首先，它將精神需要和物質需要混為一談，因為居於第一層次上的生理需要是物質需要，而居於其它層次上的大體都是精神需要。而在人的精神機體中，脾主系統所產生的需要應是一種精神需要。這種精神需要是什麼呢？我認為是知識。因為在人的物質機體中，脾主系統的腑——胃收納進來的是食糧，脾需要儲藏的能量是從食糧中分化出來的精氣；而在人的精神機體中，胃收納的同樣是「食糧」，不過精神意義上的「食糧」是信息，脾需要儲藏的能量是由信息加工而成的知識。關於這一點，我們在後面還有很多話要說。

其次，在馬斯洛的「需要層次論」中，居於第五層次的需要是自我實現的需要。馬斯洛忽略了一個問題：在自我實現之前首先要形成個「自我」。也就是說，在自我實現的需要產生之前，首先產生的是自我形成的需要、或自我統一的需要。譬如，在讓一部計算機工作之前，首先得把它的基本部件組合成一個整體。實際上，馬斯洛倒也沒忽略自我形成的需要，而是把自我形成的需要包含進自我實現的需要中了——也就是說，馬斯洛所忽略的是：沒有將自我形成的需要和自我實現的需要區分開。這一點是不能被允許的，因為自我形成的問題是心理學研究中最關鍵的一個問題：這個問題解決好了，其它問題都好解決；這個問題解決不好，其它問題都不能得到真正解決。

因而，我認為：心主系統所產生的需要是自我形成的需要，或自我統一的需要。

這倒是一個目的性需要。但為了與其它系統的手段性需要一致起來，我們應該找出與自我形成需要相關的手段性需要，即自我形成的需要是通過什麼樣的手段性需要的滿足而滿足的呢？是自主需要。

在欣賞西方文藝作品時，我們經常會聽到或看到這樣一句話：「孩子，你長大了，該是自己做決定的時候了。」一個人，如果不能為自己的事做決定，如果不肯為自己做的決定負責，如果不敢為自己做的決定承擔後果，那麼他的自我就不能形成，他的精神機體就不會成熟。

一個人的自主需要的產生，並不是外部強加給他的，而是當他成長到一定階段上，在他的機體內自然而然地產生出來的；如果沒有產生，那麼要麼是他的精神機體有先天的缺陷，要麼是受到過嚴重的精神傷害。早的話，產生在一個人的十六、七歲到十八、九歲上，一般是產生在二十來歲上。這是一個人一生中由幼稚走向成熟的一個階段，是一個人一生中最重要的一個階段。他只有順利地或比較順利地度過這個階段，他的自我才能形成，他的精神機體才能成熟，他才能真正為自己、為他人、為社會承擔責任，才能真正有所作為，才能真正實現自我。

所以，我將心主系統的需要確定為自主需要。

第三・馬斯洛顛倒了愛與歸屬需要和安全需要的順序。在他的需要層次論中，居於第二層次的是安全需要，居於第三層次的是愛與歸屬需要，即安全需要先於愛與歸屬需要而產生；或者在兩種需要都沒得到滿足的情況下，前者比後者更為強烈、更具優勢、更能支配一個人的行為。但是按「五行生成論」的順序，是土——金——水——木——火，即居於金行的肺主系統的愛與歸屬的需要先於居於水行的腎主系統的安全需要而產生，前者比後者更基本、更具優勢，因而更應先得到滿足。

按五行生成論推出的結果是這樣，在現實生活中又是怎樣一種情況呢？我們不妨設計一種情境：有一個人，他的家中有他的父母妻兒，這天他從外面回來，看到家裏著了大火。試想，這時他是冒著生命危險衝進去救他的親人呢，還是為保住性命而置他的親人於不顧呢？答案很明確：任何一個正常的人都會選擇前一種。也就是說，愛與歸屬的需要比安全需要更為基本、更具優勢、更能支配一個人的行為。因而，居於第二層次的應是愛與歸屬需要，居於第三層次的才是安全需要。

為使五個系統的五種需要的名稱大體一致，我將「愛與歸屬需要」簡稱為「關愛需要」。「關愛」的含義能包容「歸屬」的含義，「歸屬」的含義卻不一定能包容「關愛」的含義：得到關愛必能有所歸依，有所歸依卻並不一定能得到關愛；一個人歸屬到一個集體中不一定能得到關愛，得到關愛的地方才應是他的歸屬所在。

到此為止，我們將人類精神機體中五個系統的需要暫時確定如下——

五行	五個系統	五個系統的生理組成	五個系統的精神需要
土	脾主系統	脾—胃—肌肉—口	知識需要
金	肺主系統	肺—大腸—皮膚—鼻	關愛需要
水	腎主系統	腎—膀胱—骨—耳	安全需要
木	肝主系統	肝—膽—筋—目	尊重需要
火	心主系統	心—小腸—脈—舌	自主需要

二

在上一節末尾的列表中我們看到，每個系統分別是由四種器官組成的，四種器官分別屬於四個範疇。具體分屬情況是——

臟：心　肝　腎　肺　脾；

腑：小腸　膽　膀胱　大腸　胃；

體：脈　筋　骨　皮膚　肌肉；

官：舌　目　耳　鼻　口。

也就是說，每個系統是由一種臟、一種腑、一種體和一種官組成的。說「一種」而不說「一個」，是因為像脈、筋這樣的器官不能論個，並且稱它們為「器官」是否合適還成問題，在這本書裏我們暫且先這樣使用。

每個系統內的四種器官各有分工：臟為主官，腑為副官，官是情報人員，體為執行人員。

「臟」在中醫學裏稱為「藏」，它既有名詞的含義，即指臟器官；又有動詞的含義，即指「貯藏」。可以說，名詞含義指的是臟器官們的名稱，動詞含義指的是臟器官們的功能或職責。

每個能量系統都擔負著向功能系統供應某種能量的工作，為了保證這種工作的正常進行，每個系統都要貯藏一定量的某種能量，貯藏的工作就由每個系統的臟器官負責。當一個系統貯藏的某種能量出現不足、需要補充時，該系統的臟先指使該系統的官從外界收集有關這種能量的情報，然後根據官收集來的情報，指揮腑，腑又帶領著體從外界攝取這種能量。

這是一種攝取能量的方式。另一種攝取能量的方式是：臟只需向腑發出所貯能量出現不足、需要補充的信號，腑在接到臟的信號後，先指使官從外界收集有關這種能量的情報，然後根據官收集來的情報指揮體去從外界攝取這種能量。

這樣兩種攝取能量的方式實際上代表著兩種操作機制：

第一種方式代表的機制中，臟是指揮官，官是情報員，腑是執行者——我們稱它們為第一套機制；

第二種方式代表的機制中，腑是指揮官，官是情報員，體是執行者——我們稱它為第二套機制。

在第一種方式中，第二套機制實際上是被包含在第一套機制中，或者說是受第一套機制控制的；

在第二種方式中，如果腑不聽從臟發出的信號，甚或臟根本就不存在①——這時情況會怎樣呢？

我們說，腑也有它的需要。在它聽從臟的要求時，它的需要就是臟的手段性需要。腑按照臟的需要攝取到的能量還比較粗糙，它要先進行一番粗加工後再傳送給臟；臟將腑呈送來的能量再進行一番細加工後貯藏起來——這樣一次以臟為主的收集能量的工作就完成了。

當腑不聽從臟的要求、或沒有臟要求它時，腑的需要就成了腑自己的需要。

那麼腑的需要是什麼呢？從作為臟的需要的手段性需要的角度，我們暫且推出五個腑的需要分別是——

脾主系統中的臟是脾，腑是胃，脾的需要是「知識」，那麼胃的需要就應該是「信息」。將脾的需要和胃的需要結合起來就是：為了獲得知識而收集信息的需要。因而，脾主系統可以命名為「知識——信息系統」。

肺主系統中的臟是肺，腑是大腸，肺的需要是「關愛」，那麼大腸的需要就應該是「親合」。將肺的需要和大腸的需要結合起來就是：為了得到關愛而進行親合的需要。肺主系統可以命名為「關愛——親合系統」。

腎主系統中的臟是腎，腑是膀胱，腎的需要是「安全」，那麼膀胱的需要就應該是「護衛」。將腎的需要和膀胱的需要結合起來就是：為了保證安全而進行護衛的需要。腎主系統可以命名為「安全——護衛系統」。

肝主系統的臟是肝，腑是膽，肝的需要是「尊重」，那麼膽的需要就應該是「爭強」。將肝的需要和膽的需要結合起來就是：為了獲得尊重而爭強的需要。肝主系統可以命名為「尊重——爭強系統」。

心主系統的臟是心，腑是小腸。心的需要原擬為「自主」，但「自主」是主體（機體的主人）針對外界而言，就主體內部而言，我覺得擬為「主控」更為合適。心的需要是主控，那麼小腸的需要就應該是「享受」。為什麼認為小腸的需要是「享受」呢？我們到後面再給予解釋。在此先說明的是，在《黃帝內經》中，「小腸」被稱為「受盛之官」，此處「享受」一詞既包含著這個意思，即「享納、接受」的意思，也包含著普通意義上「享受」一詞的意思。將心的需要與小腸的需要結合起來就是：為了主控而要求享受的需要。心主系統可以命名為「主控——享受系統」。

由此，單從能量的角度看，人的五個精神系統與五個物質系統的對應情況是——

知識——信息系統：脾—胃—肌肉—口；

關愛——親合系統：肺—大腸—皮膚—鼻；

安全——護衛系統：腎—膀胱—骨—耳；

尊重——爭強系統：肝—膽—筋—目；

三 主控——享受系統：心—小腸—脈—舌。

上面我們是從腑的需要作為臟的需要的手段性需要談的。

當腑不聽從臟的需要、或沒有臟要求它時，腑的需要就成了它自己的需要。小腸、膽、膀胱、大腸和胃這五個腑各自的需要便分別是單純的享受需要、爭強需要、護衛需要、親合需要和收集信息的需要。

每個腑也有自己的需要？的確如此。就人類精神機體而言，整個機體有整個機體的需要，機體中每個系統有每個系統的需要，每個系統中每個器官有每個器官的需要。這還只是具體到器官的層次上說的，如果對人類精神機體的研究進一步具體到組織的層次上、細胞的層次上，可能我們會發現，每個組織也有每個組織的需要，每個細胞也有每個細胞的需要。

單從我們已具體到的器官的層次上看，每個臟有每個臟的需要，每個腑有每個腑的需要，另外，每個官也有每個官的需要，每個體也有每個體的需要。耳鼻口目舌這五官的需要應該分別是聽嗅吃看嘗。有人會説，五官的聽嗅吃看嘗的活動是受大腦支使的，應該是出於大腦的需要。五官在大腦支使下進行的活動是有意識的活動，另外五官還有不在大腦支使下進行的無意識的活動，這樣的活動應該説出自五官自身的需要。

至於脈、筋、骨、皮膚、肌肉這五體的需要分別是什麼，我還沒有細究。只是許多年前，我曾讀到一篇題目大概為「皮膚的饑餓」的文章，其大意是：人和動物的皮膚天生具有一種與同類皮膚接觸的需要，這種需要經常得到滿足的人就表現得活潑、開朗，如西方人；這種需要很少得到滿足的人就表現得沈鬱、內向，如東方人。皮膚的這種需要倒與與它處於同一系統的肺的關愛需要和大腸的親合需要相一致。

儘管每個系統的臟、腑、官、體各有各的需要，但每個系統的主官是臟，腑、官、體都要服從臟的需要。但是，如果腑、官、體不服從臟呢？在此我們只談腑不服從臟的情況。

為了維持功能系統的正常工作，能量系統的各個系統都要時時向它供應適量的各種能量；為了能時時向功能系統供應適量的各種能量，各個能量系統就要時時貯藏適量的各種能量；為了能時時貯藏適量的各種能量，各臟就要時時補充適量的各種能量；為了能時時補充適量的各種能量，各臟就要指使各腑時時從外界攝取適量的各種能量。如果腑聽從臟的指令，事情就簡單了。但事情往往並不這麼簡單，腑不服從臟的情況大體有三種：第一種，當臟要求腑為它攝取能量時，腑不為臟去攝取能量，或者攝取的能量不夠多；第二種，臟沒有指令腑攝取能量，腑出於自己的需要擅自攝取能量；第三種，腑雖然遵從臟的指令攝取能量，但在攝取的過程中由於受到刺激而興奮起來，一下子攝取了太多的能量。

這三種情況導致的結果只有一樣：沒有為臟提供適量的能量。對於臟所需要的能量來說，只有「適量」和「太少」，而沒有「太多」。太多也是太少，因為腑在攝取到能量後，先要進行一番加工，把其中精細的成份分化出來後再傳送給臟。如果腑攝取的能量太多，它就難以做這種加工，也就難以分化出精細的能量供給臟，對於臟所需要的能量來說仍是「太少」。更不應該的是，腑在攝取能量的過程中，還把臟已告短缺的能量消耗了一部分，因而對於臟所需要的能量來說，是少而又少了。

在此我們先舉一個生理方面的例子，人體的脾臟總要儲藏適量的某種精氣，這種精氣是由胃從自己所攝取的食物中分化出來輸送給脾臟的。當脾臟看到自己所儲藏的精氣出現不足、需要補充時，便指使胃為自己傳送精氣。胃為了獲得分化精氣的能量，便指使口吃進食物。而胃覺得口送進來的食物味道非常好，便指使口多多吃進。口聽從胃的指令，送進來太多的食物，胃被鼓脹起來，難以從食物中分化出精氣給脾臟。另外，胃在攝取食物的過程中還消耗了一些脾臟本已告短缺的精氣。如此一來，脾臟的狀況倒比指使胃補充能量以前更危急了。

我們再舉一個精神方面的例子，這種例子恐怕我們每個人都經驗過多次。當肝臟感到自己所儲藏的尊重能量出現不足時，便指使膽通過爭強為自己補充進這種能量。膽在爭強的過程中，由於受到刺激而變得興奮起來，置肝臟所要求的量於不顧，無節制地爭強起來。這樣做的結果是什麼呢？從主體的外部講，不但沒有增加主體本應獲得的尊重，反而減少了主體已獲得的尊重；從主體內部講，不但沒有讓肝臟得到想補充的尊重能量，反而損耗了肝臟原有的尊重能量。

四

以上我們是把整個能量系統分解成各個系統介紹它攝取能量的工作的。可能有的讀者早已對這種介紹方式持有意見了，因為每種能量的攝取工作都需要整個能量系統的整體調控、各個系統的協同配合才能進行。譬如，當腎臟補充安全能量時，不會光由它所主系統的官——耳去收集情報，還必須由眼、鼻、口、舌協助它才行；在具體攝取安全能量時，不能光靠該系統的體——骨進行，也必須靠脈、筋、皮膚和肌肉與它配合才行。不只如此，還必須由所有的臟、所有的腑都參與進來、共同配合才能進行。

但是為了能真正瞭解整體，我們必須先弄清它的各個部分。而且，當某種能量出現不足、需要補充時，信號都是從相應的某個系統發出的；當這種能量補充進來後也是歸入這個系統進行加工和儲藏。從這種意義上講，這種分解還是可行的。

臟需要攝取的能量是適量的，表明它們是有節制的、有理智的；腑在服從臟的時候，它們在攝取能量時也表現得有節制、有理智。當腑不服從臟時，它們攝取起能量來就沒有節制、沒有理智了。在不服從臟時，腑攝取能量的行動是完全情緒化的：高興就多攝取，不高興就少攝取以至不攝取。特別是，腑沒有貯藏能力，即便在它們情緒高漲時一下子攝取了大量能量，它們卻只是痛快一時，很快就又都排泄出去了，結果什麼也沒存下。

地球世界中，什麼東西有節制、有理智呢？人類；什麼東西沒節制、沒理智呢？動物。人和動物的區別就源於臟和腑的區別，因為人和動物的區別就在於有無節制、有無理智，而這一區別來源於臟和腑有無貯藏能力。動物的物質機體和人的物質機體一樣，都是有臟有腑；動物的精神機體和人的精神機體則不一樣：人有臟有腑，動物有腑無臟。因而，動物的精神機體不存在；或者說，動物的精神機體只是潛在，還沒有完全形成，還不能發揮作用。

前面我說過這樣一個觀點，在此我再強調一下：正是有無貯藏能力最先構成了並最終決定了人與動物的分野，無論是對物質的貯藏還是對物質認識結果的貯藏。在此再提這個觀點，我們對它的理解就更深一些了。

臟有貯藏能力、腑無貯藏能力的觀點是從《黃帝內經》中得來的。這一觀點比較集中地體現在《素問・五臟別論第十一》中的這樣一段話中：「所謂五臟者，藏精氣而不瀉也，故滿而不能實；六腑者，傳化物而不藏，故實而不能滿也。」

五臟所儲藏的精氣雖然不瀉出去，卻隨著人體的活動而消耗出去了。當時消耗的少，可以當時補充，也可以過一段時間補充；當時消耗的多以至太多，則需要儘快補充以至立即補充。

由以上的探究我們大體上已可以歸結出動物「精神機體」的結構情況，其能量系統由以下五個子系統組成：

享受系統：小腸—脈—舌；
爭強系統：膽—筋—目；
護衛系統：膀胱—骨—耳；
親合系統：大腸—皮膚—鼻；
信息系統：胃—肌肉—口。

由這樣一個「精神機體」可以解釋動物們的好奇行為、親合行為、護衛行為、爭強行為及享受行為，這些行為應該說都是精神性行為更準確地說是準精神性行為。而西方生理學所揭示的動物及人的生理機體只能解釋吃喝拉撒睡之類的行為，這些行為屬於純粹的生理性行為。

之所以為動物的「精神機體」加上引號，是因為動物只有潛在的精神機體或准精神機體，而沒有顯在的或正式的精神機體。

因為，動物的好奇行為、親合行為、護衛行為、爭強行為及享受行為都是即時的、被動的、由外界刺激引發的，它們只是通過這些行為將相應的各種需要滿足，而不通過這些行為攝取相應的各種精神能量，以傳送給相應的各個臟器官，由各個臟器官進行貯存並傳送給功能系統，因為精神意義上的臟器官及功能系統在它們身上並不存在。

而人類則有顯在的或正式的精神機體，至於顯在的或正式的精神機體與潛在的或准精神機體有什麼不同，就無需贅言了。

臟所貯藏的能量應該是多少呢？我們說，在充足量和必須量之間：充足量為最大限度，指的是臟所貯藏的能量已達到飽和，不能再往裏添加了；必須量是最低限度，指臟所貯藏的能量若低於這個限度就不能維持人體的正常活動，有礙於人體功能的正常發揮，甚至危及人體生命的正常存在。

每個人能量系統的充足量是不同的，這與每個人精神機體的「功率」有關。即便是同一個人，他的每個能量系統的充足量也是不一樣，這也與每個能量系統的功率有關。譬如說，有的人能承載得了很多的關愛，卻承載不了很多的尊重。

每個人所貯藏的能量既很少能達到充足量，也很少會低到必需量，一般都是處在充足量和必需量之間。

精神生命的活動範圍主要是社會，每個人的精神能量主要是在社會中消耗掉的，每個人的精神量也主要是在社會中補充的。

在我們每個人身上，精神能量的消耗—補充活動是時常在進行的，我們很少會覺察到我們機體所進行的這類活動。關於我們身上的精神能量是如何消耗的，我們留待後面介紹，在此我們先主要談談我們的精神能量是如何補充的。

我們每個人每天的活動範圍主要是工作單位和家庭，這是兩個小社會，就在這兩個小社會中，我們每天都得到我們所需要的自主能量、尊重能量、安全能量、關愛能量和知識能量。

對得到其它三種能量容易理解，只是對得到知識能量和自主能量需要贅言幾句。先說得到知識能量。我們每個人每天都從單位和家庭中得到大量信息，得到信息後我們還要對它們進行加工，加工的方式主要是思考，對信息思考的結果就是知識，就是我們的脾臟所需要、所貯藏的能量。

再說得到自主能量。如果一個人在家裏作主、在單位裏作主或至少在其中一處作主，那麼說他從中得到自主能量就好理解了。

但有的人會說，我在單位裏也不當家，在家裏也不當家，我怎麼能從中得到自主能量呢？

關於單位，首先，你在單位裏的工作是你選擇的，你必須對你選擇的工作負責；你在單位裏的工作即便不是你自己選擇的，也是社會分派給你的，你也必須對社會分派給你的工作負責。其次，你只有做好你的工作，社會才承認你的自我、你的人格、你的價值。再次，你只有做好你的工作，你才能拿到相應的報酬，才能養活你自己和你的家庭，而不必依賴別人。至少從這三個層次上，你獲得了你需要的自主能量。當然，在這當中，你也在消耗著你的自主能量。總之，你在做好單位裏工作的同時，你的機體也在進行著自主能量的消耗——補充工作。

關於家庭，情況差不多也是這樣：首先，你的家庭是通過你的選擇（對愛人的選擇）而建立的，你必須對你選擇的結果負責；其次，你只有建立好你的家庭，社會才承認你的自我、你的人格、你的價值；再次，你只有建立好你的家庭，你才不用依附父母、親戚或朋友生活。因而，一個人在過家庭生活的同時，他的機體同樣也在做著自主能量的消耗——補充工作。

五

當某個臟所儲藏的能量已告短缺、需要補充時，它會發出某種信號，這種信號一方面傳達到它所主系統的各個部分，命令它們行動起來攝取它所需的某種能量；另一方面會傳達到機體的各個部分，籲請它們協助它攝取它所需的某種能量。

我們將臟發出的信號統稱為志：將心臟發出的信號稱為哀志，將肝臟發出的信號稱為怒志，將肺臟發出的信號稱為悲志，將腎臟發出的信號稱為恐志，將脾臟發出的信號稱為憂志。

腑也會發出攝取能量的信號，我們將它們發出的信號統稱為情：將小腸發出的信號稱為哀情，將膽發出的信號稱為怒情，將膀胱發出的信號稱為恐情，將大腸發出的信號稱為悲情，將胃發出的信號稱為憂情。

將每個系統的臟和腑發出的信號合二為一，即為情志。因而，主控——享受系統的情志是「哀」；尊重——爭強系統的情志是「怒」；安全——護衛系統的情志是「恐」；關愛——親合系統的情志是「悲」；而知識——信息系統的情志是「憂」。

這五種情志還都屬於缺失性情志，即這五個能量系統當其需要得不到滿足或滿足得不夠時所產生的情志；而當這五個能量系統的需要被滿足得過分時，它們會產生同樣的一種過足性情志，這種情志是「喜」。

此外，當功能系統，即自我實現——求智求能系統的需要得不到滿足或被滿足得不夠時，它也會產生一種缺失情情志，這種情志是「躁」②；而當這個系統的需要被滿足得過分時，它所產生的過足性情志也是「喜」。

到此，由本書梳理出的七種情志便是憂、悲、恐、怒、哀、躁、喜。

雖然將它們並列提出，但它們並不屬於同一個層次：喜之情志是能量系統的五個系統及功能系統的需要被滿足得過分時，它們所產生的同樣一種過足性情志；躁之情志是整個功能系統的需要得不到滿足或被滿足得不夠時，它所產生的一種缺失性情志；而憂、悲、恐、怒、哀則是能量系統的五個子系統在其需要得不到滿足或被滿足得不夠時，它們分別產生的五種缺失性情志。

各種情志都是通過聯通全身各部位的脈管進行傳遞的。各種不同的情志在進行傳遞的過程中，會在脈管中造成各種不同的感應，此即「脈象」。關於這個問題，應結合中醫學中的「脈象」進行探究，可惜我既缺乏這方面的知識，更缺乏這方面的經驗，因而在此只能先做點粗淺的勾勒，以就教於在此方面造詣深的讀者朋友。

大體說來——

怒之脈象應是：脈管只欲脹，不欲縮；

悲之脈象應是：脈管只欲縮，不欲脹；

憂之脈象應是：脈管既不欲脹，也不欲縮；

哀之脈象應是：脈管既不能脹，也不能縮；
恐之脈象應是：脈管脹時忽又縮，縮時忽又脹；
躁之脈象應是：脈管欲脹忽又欲縮，欲縮忽又欲脹；
喜之脈象應是：脈管脹得只欲縮，縮了卻還脹。

喜之情志的發生，並不是件喜事。暫時先撇開功能系統的情況不論，喜之情志，是各個能量系統在其腑官收納進的能量太多的情況下發生的。各個腑官收納進的能量太多，它們就不能進行正常的加工，然後傳送給相應的各個臟，就需要對多出的能量進行排解。喜之情志發生時，就說明需要對多出的能量進行排解了。

從主體本身的角度講，排解的方式主要有兩種：一是笑，笑的過程就是對多出的能量進行排解的過程；一是用尚存的理智提醒自己。

關於後一種排解方式，譬如，主體若由於親合過分而變得放肆時，他應該收斂自己；若由於護衛過分而變得疏忽時，他應該警告自己；若由於爭強過分而驕傲時，他應該責斥自己，等等。

如果還能保存一定的理智，還能提醒自己，說明主體收納進的能量雖然多，但還沒有多到可怕的程度。如果多到可怕的程度，主體就失去理智了，完全以本能的方式進行排解。他所表現出的就不止是喜之情狀，而是狂之情狀，如眉飛色舞，胡言亂語，手舞足蹈，狂叫大喊，捶胸頓足，乃至以頭搶地等，《儒林外史》中范進中了舉人時所表現的就是情狀。

而范進的情況還不是最嚴重的，在日本電影《望鄉》中，那位妓院老闆正忙得不亦樂乎地收取一大隊水兵的錢時，突然倒下去氣絕身亡——他是高興死了。人有被嚇壞的，有被氣壞的，也有被喜壞的；人有被嚇死的，有被氣死的，也有被喜死的。

為什麼會有這種情況發生呢？腑官由於不聽從臟官的指令而收納進了太多的能量，對多出的能量就要進行排解：如果多出的不是太多，那麼排解的工作就不是很急迫繁重；如果多出的太多，那麼排解的工作就很急迫繁重；如果多出的太多太多，那麼排解的工作就極其急迫繁重。排解工作的進行，需要消耗臟官所貯存的能量，像眉飛色舞、胡言亂語、手舞足蹈、狂叫大喊、捶胸頓足乃至以頭搶地這類劇烈的舉動，實際上是在將臟官所貯藏的能量急遽耗空，因而就會導致精神生命的突然休克或崩潰，極端的情況是像范進那樣一下子變瘋；最極端的情況是，由於精神生命與物質生命是相互聯通的，精神生命的崩潰會連帶引起物質生命的崩潰，因而就會有像那位妓院老闆那樣被喜死的情況發生。

關鍵還是「心力」不夠強。心力，既有相同於理性的含義，又有不同於理性的含義，它強調的是「力」，指的是主體抗禦非正常情況的力量。非正常情況，既指不能及時收納進所需的能量或收納進的太少的情況，也指收納進的太多的情況。「心力」主要是建立在能量系統的貯藏力基礎上的。

「心力」是個深可玩味的問題，現在我對它的認識還很粗淺，但我感覺它除了與理性，還可能與智力、精力及腦力等密切相關：心力強，這些方面都強；心力弱，這些方面都弱。

素常我們聞知的一些表現，如「喜怒不形於色」、「泰山崩於前而不變色」及「舉世而譽之而不加勸」等，都源於心力強。

還有，心力強，意味著自控能力強。自控能力強的人，最令人欽佩的地方是他們不讓自己收納進太多的能量，能做到「弱水三千，但取一瓢飲」。

當然，「人非聖賢，孰能無過」，就連自控能力極強的周恩來也犯過那麼幾次因喝醉了酒而誤事的過失。

以上我們是從主體本身的角度探討如何應對能量太多或收納進的能量太多的情況，

現在我們再從主體所處的社會的角度探討這一問題。

個體的能量系統是個生命系統，需要保持動態的平衡，既不能讓每個子系統所收貯的能量太少，也不能讓每個子系統所收貯的能量太多。同樣，人類社會也是個生命系統，也需要保持動態的平衡，既不能讓每個個體所收貯的能量太少，也不能讓每個個體所收貯的能量太多。

對於那些所收貯的能量太少的人，社會要對他們給予補充：對有的人需要給予知識——信息，對有的人需要給予關愛——親合，對有的人需要給予安全——護衛，對有的人需要給予尊重——爭強，對有的人需要給予自主——享受，對有的人則需要給予以上幾種乃至所有各種能量。當然，不成熟、不健全的人類社會在這方面做得還很不夠。

而對於那些所收貯的能量太多的人，如果他們自己不知道或不能夠進行排解的話，社會就要幫著他們進行排解了：對那些因享受過分而變得霸道的人，人們要給予抗拒；對那些因爭強過分而變得驕傲的人，人們要給予譏刺；對那些因親合過分而變得放肆的人，人們要給予冷落；對那些因收取信息太多而炫耀的人，人們要給予諷勸。同樣，不成熟、不健全的人類社會在這方面也做得很不好。

而且，在不成熟、不健全的人類社會中，正如物質財富的分配很不平衡一樣，精神能量的分配也很不平衡：絕大多數無權無勢的人只享有太少的精神能量，而極少數有權有勢的人則享有太多的精神能量。

這極少數有權有勢的人享有太多的權利——特權；享有太多的尊重——阿諛奉承；享有太多的安全——特別而不必要的保護；享有太多的關愛——虛情假意的關愛；享有太多的信息——不該掌握、更不該利用的信息③。這些太多的精神能量，如果是他們自己攫取的，那麼就是精神貪污；如果是別人奉送的，那麼就是精神賄賂。

享有太多的精神能量，不但會破壞享有者本人的精神平衡，也會破壞他們所處社會的精神平衡。

---

①不要對這種提法感到吃驚，下面我們就要談到它，並涉及到一個重要問題。

②「躁」其實就是「焦慮」，它也是現代心理學所關注的一個重要問題。

③譬如，某種股票要漲或跌了，普通百姓都不知道，而某些政府官員先知道了，他們趕緊買進或拋出這種股票，並指使自己的親友也這樣做，那麼，這種信息就是他們不該掌握、更不該利用的。

第三章　人類精神機體的能量系統（B）大體說說其中三個系統

在本章中，我將簡述一下尊重——爭強系統、關愛——親合系統及安全——護衛系統能量消耗與補充的情況。關於尊重、關愛及安全本身，我不想多說什麼，因為許多書籍雜誌對它們已談論過很多，我並沒有多少新鮮的東西要告訴大家。

我只請大家從一個新的角度看待這三這種東西：它們除了具備我們素常所瞭解的作用和意義外，還是維持我們人類精神生命的三種能量。

當然，有的朋友一時還不能接受這樣的觀點，那麼你不妨設想一下：如果沒有這三種東西（還有我們在下面兩章將要談及的「知識」和「自主」），那麼我們人類的生活會是一種什麼樣子？

一 尊重——爭強系統：目—膽—肝—筋

東方生風，風生木，木生酸，酸生肝，肝生筋，筋生心。肝主目。其在天為玄，在人為道，在地為化；化生五味，道生智，玄生神。神在天為風，在地為木，在體為筋，在藏為肝，在色為蒼，在音為角，在聲為呼，在變動為握，在竅為目，在味為酸，在志為怒。

——《素問・陰陽應像大論篇第五》

肝在肋下，其經脈絡膽，與膽為表裏，在體合筋，開竅於目。

——《內經釋義》①

尊重需要的產生，是由於對尊重能量的消耗而引起的。消耗分為兩種：正常的消耗和非正常的消耗。

先說非正常的消耗。

非正常的消耗大體上是由兩種原因引起的：一是被別人超出；二是受到別人的侮辱，

如嘲笑、挖苦及戲弄等。

當這樣的情況發生時，先由尊重——爭強系統的官——眼睛將信息傳給該系統的副官——膽，再由膽傳給該系統的主官——肝，這時在整個系統內引發起怒之感應：在眼睛處是眼睛發紅，在膽處是膽氣昂壯，在肝處是肝火上升，在筋處是青筋暴凸。這種感應表明：該系統主官——肝所貯存的尊重能量正急速消耗著，需要趕快給予補充。於是，肝指揮膽，膽又驅使筋，去做出有力的舉動，以達到爭強的目的，由此獲得肝所需要的尊重能量。當然，上面所說的由眼睛將信息傳達給膽，再由膽傳達給肝，這種工作只能在大腦中進行，即由眼睛傳達給膽神經，再由膽神經傳達給肝神經，只是為了直觀一些，我們才說這一工作是在尊重——爭強系統內進行的。

另外，主體的尊重能量遭受剝奪的信息並不一定是由眼睛，而是由其它感覺器官最先收到的（最常見的是耳朵聽到別人侮辱主體或主體被別人超出的信息），因為其它感覺器官不直接跟膽、肝聯繫，必須將此信息先傳給眼睛，再由眼睛傳給膽、肝，所以單就尊重——爭強系統本身看，主體尊重能量遭受剝奪的信息還是先由該系統的感覺器官——眼睛收到的。

其它系統的信息傳遞方式也是如此，以下在介紹它們時，我們就不一一贅言了。

再說正常的消耗。所謂正常的消耗，是指大腦在進行正常工作時所消耗的尊重能量。

大腦的工作是如何消耗尊重能量的呢？

大腦的一大工作是認識事物，我們先單就這一工作談一下大腦是如何消耗尊重能量以及其它四種能量的。

大腦認識一種事物的工作，分為五個環節：

第一環節：收集有關該種事物的信息——這一工作所消耗的是脾主系統所提供的知識能量；

第二環節：對所收集的信息進行分析——這一工作所消耗的是肺主系統所提供的關愛能量；

第三環節：在分析的基礎上進行推理——這一工作所消耗的是腎主系統所提供的安全能量；

第四環節：在推理的基礎上進行判斷——這一工作所消耗的是肝主系統所提供的尊重能量；

第五環節：在判斷的基礎上對該事物作出結論，這一工作所消耗的是心主系統所提供的主控能量。

主體每天都要接觸許多事物，並要對其中的一部分進行認識，因而每天都要消耗五個能量系統所提供的各種能量，因而五個能量系統要及時補充各自所要貯存的能量。除了認識事物以外，大腦還有其它一些工作要做，這些工作所消耗的也是五個能量系統所提供的能量。這些情況，我們將在第六章中再談。

二　關愛——親合系統：鼻—大腸—肺—皮膚

西方生燥，燥生金，金生辛，辛生肺，肺生皮毛，皮毛生腎。肺主鼻。其在天為燥，在地為金，在體為皮毛，在藏為肺，在色為白，在音為商，在聲為哭，在變動為咳，在竅為鼻，在味為辛，在志為憂。

——《素問・陰陽應像大論篇第五》

肺位於胸中，其經脈循喉嚨而出下絡大腸，與大腸為表裏，在體合皮毛，開竅於鼻。

——《內經釋義》②

該系統所需要收貯的能量是關愛，這是該系統精神上的需要。我們知道，該系統物質上的需要是空氣，須臾不可離，不然就會使主體窒息而死。由此使我們聯想到，關愛乃是精神意義上的空氣，它雖然不像物質的空氣那樣須臾不可離，但須臾間意識到自己不被人關愛的滋味——我想我們大多數人都曾體味過——的確是一種異常沈重的窒息感。

我們看該系統關愛能量的非正常消耗情況。有兩種：

1. 與自己的愛人、親人或所屬的集體分離時；

2. 雖未分離，但被其冷落以至排斥時。

當這樣的情況發生時，先由該系統的感官——鼻將信息傳達給大腸，再由大腸傳達給肺。這時在整個系統內引起悲之感應：在鼻處是鼻息沈窒，在大腸處是愁腸鬱結，在肺處是肺氣消沈，在皮毛處是皮毛萎縮。這種感應表明，該系統所貯藏的關愛能量正急遽消耗著，需要趕快給予補充。於是肺指揮大腸，大腸又驅使皮毛去做出與主體的愛人、親人及所屬的集體親近的舉動，以獲取所需的關愛能量。

三 安全——護衛系統：耳—膀胱—腎—骨

北方生寒，寒生水，水生鹹，鹹生腎，腎生骨髓，髓生肝。腎主耳。其在天為寒，在地為水，在體為骨，在藏為腎，在色為黑，在音為羽，在聲為呻，在變動為栗，在竅為耳，在味為鹹，在志為恐。

——《素問・陰陽應象大論篇第五》

腎左右各一（包括命門），位於腹部，其經脈絡膀胱，與膀胱為表裏，在體合骨，開竅於耳。

——《內經釋義》③

該系統所貯安全能量的非正常消耗情況也分兩種：

1. 當處於危險境地時；

2.當意識到自己將要受到侵害時。

先由該系統的感官耳將信息傳給副官膀胱，再由膀胱傳給主官腎。這時在整個系統內引起恐之感應：在耳處是聽覺恍惚，在膀胱處是膀胱急顫，在腎處是腎氣戰慄，在骨處是骨髓蕩動。這種感應表明，該系統所貯藏的安全能量正急遽消耗著，需要趕快給予補充。於是，腎指揮膀胱，膀胱又驅使骨去做出護衛的舉動，以獲取所需的安全能量。

①《內經釋義》，北京中醫學院主編，上海人民出版社一九七二年十二月出版。
②《內經釋義》，北京中醫學院主編，上海人民出版社一九七二年十二月出版。
③《內經釋義》，北京中醫學院主編，上海人民出版社一九七二年十二月出版。

第四章　人類精神機體的能量系統（C）專門談談知識——信息系統

中央生濕，濕生土，土生甘，甘生脾，脾生肉，肉生肺。脾主口。其在天為濕，在地為土，在體為肉，在藏為脾，在色為黃，在音為宮，在聲為歌，在變動為噦，在竅為口，在味為甘，在志為思。

——《素問・陰陽應像大論篇第五》

脾位於腹中，與胃為表裏，在體合肉，開竅於口。

——《內經釋義》①

一

有一句話我們經常引用：「知識就是力量」。到了這裏，我們將它改動一個字：「知識就是能量」，是維持我們人類精神生命的一種能量。

還有一句話更經常被我們引用：「知識是我們的精神食糧」。從人類精神生命的角度看，這句話也是非常合理的：正如糧食是維持人類物質（生理）生命存在和活動的最基本能量一樣，知識也是維持我們人類精神生命存在和活動的最基本能量，大到科學研究、文藝創作及國家治理等，小到衣食住行等，幾乎人類的每一項活動都離不開知識。

但是，說知識是我們的精神食糧還不太確切，而應該說信息是我們的精神食糧，因為，我們人類物質機體所吸收的能量並不是糧食，而是從糧食中分化出的精微物質。我們人類精神機體吸收的能量倒是知識，而知識是從信息中分化出來的。

「知識」，作為一個名詞，它是由「知」和「識」兩個動詞組成的，由「知」到「識」的過程，即是由「信息」到「知識」的過程。譬如我們首先知道的是關於某一事物的若干信息，通過對這些信息加工處理，我們得出對該事物的認識，認識的結果就是關於該事物的知識。

從食物中分化出精微物質的工作叫「消化」，從信息中分化出知識的過程叫「思考」，所以《黃帝內經》中說「脾主思」。

知識最集中的地方莫過於書籍，但書籍中記載的是前人對某些事物的認識結果，我們讀書時，攝取的仍然是信息，只有對其進行認真的思考，才能轉化成我們對這些事物的認識，甚至形成不同於圖書作者的認識，這樣的認識結果即是我們關於這些事物的知識。

攝取信息的過程，大體上就是我們通常所說的「學習」。正如我們在一定時間內攝取的食物不能太多一樣，我們在一定時間內學習的東西也要有所節制，以便給「消化」器官留出足夠的消化空間和消化時間，以免引起「胃脹」。經常發生生理意義的胃脹，會損害我們的消化器官；經常發生精神意義上的「胃脹」，則會損害我們的思考器官。

當然，在思考能力允許的情況下，我們還是應該盡可能努力地學習，以獲取盡可能多的有用知識。

孔子曾說：「學而不思則惘，思而不學則殆」，我們應該平衡好學與思的關係。

還有一點應該給予注意：正如不良食品，如餿了的飯、糊了的飯及雜質太多的飯等等會損害我們的生理機體一樣，不良信息，如誨淫誨盜的書籍、登載小道消息的小報及眩目的光色、噪雜的聲音也會損害我們的精神機體。

但是，正如在沒有辦法的情況下，拿餿了的飯用來充饑，也比乾等著挨餓強一樣，不良信息也有同樣的功效。譬如，在城市的街巷中，在農村的家户間，有一類整天忙著跑東家、串西家的「包打聽」式的婦女，她們收集到的雖然大多是不良信息，她們卻也活得很「精神」。

相反，也是在這樣的地方，我們經常看到一些目光呆滯、表情木訥的老漢，因為他們既不讀書看報，也不關心身邊發生的事。可以說，他們精神意義上的生命之火已非常微弱。

一些剛從農村來到城裏的孩子，看上去有些傻，原因就在於他們此前獲得的信息太少。只要他們的思維器官沒有被損害，讓他們獲得足夠的信息，一段時間以後，他們就會變得精神起來。

我們經常在圖書報刊上接觸到的一個説法還是非常令人信服的：將一個小孩關進一間密封的屋子裏，只讓他吃喝拉撒睡，不允許他接觸外面的信息，一段時間以後，他就會變成一個白痴。

很長一段時間以來，我就注意到這樣一個現象：長壽的人，並不多是那些吃得飽睡得好，經常從事體力勞動或體育鍛煉，看上去身強力壯的人，卻往往是那些經常讀書看報，從事適當的腦力工作，看上去比較清瘦的人，這其中的奧妙就在於是不是能長年得到適量的信息、相關的器官是不是能長年得到適當的使用。

當然，從事腦力工作的人要想健康長壽，也需要吃好睡好，也需要經常進行體力勞動或體育鍛煉，我只是在此從知識和信息的角度闡述一下精神能量對於維持我們人類生命來說是多麼重要、多麼不可或缺。

關於知識能量的重要性，僅僅談到這個程度還是遠遠不夠的，有興趣的讀者可以深入探討一下，而且還可以從尊重能量、安全能量、關愛能量及自主能量方面進行探討。

信息被加工成知識以後，知識仍作為信息而存在，就像木頭被加工成桌子以後，桌子仍作為木頭而存在一樣。而且，被加工成桌子的木頭已經定型，而被加工成知識的信息卻未「定型」，隨時都可進行新的組合。

脾主系統貯存信息的能力，就是我們經常所說的記憶力。

二

貯存信息的目的當然是為了使用信息，如用於對事物進行研究、改造、利用或抵禦等，並在使用過程中增加和改進已有的信息。

這種使用應該說是對信息的外部使用，是我們大家都很熟悉的一種使用。在此我們不再多說什麼。

下面我們著重談一談我們大家還不太熟悉的一種使用，應該說是對信息的內部使用，或者說信息在精神機體內的使用。

前面我們在談到尊重系統、關愛系統和安全系統時曾說，當這些系統所貯存的能量損耗到一定程度時，應該及時給予補充，但現實告訴我們，這些能量往往並不能得到及時的補充。不知有多少天、多少月以至多少年，我們都在忍受著得不到尊重的壓抑、得不到安全的折磨和得不到關愛的焦渴，而它們卻是維持我們精神生命所必不可缺的能量，難道我們的精神生命就因此而休止嗎？

不！在我們的精神機體中，有一套彌補機制或彌補辦法，即由知識——信息系統向其它系統提供替代性能量。

譬如，一個遭到別人侮辱、尊重能量被消耗得太多的人會一次次地想像著他以這樣那樣的方式狠狠地報復了侮辱他的人。在這樣的想像中，他的尊重系統內便注入了所應補充的尊重能量。

譬如，一個離家太久、深感孤獨的人會一次一次地想像著他回到了家，正沈浸在與家人團聚的幸福當中。在這樣的想像中，他的關愛系統便注入了所應補充的關愛能量。

再譬如，一個飽受戰亂之苦、渴望和平生活的人會一次次地想像著他在大街上漫步，在商店裏購物，或在課堂上聽講等等。在這樣的想像中，他的安全系統便注入了所應補充的安全能量……

有人會問，單憑想像就能獲得所需的能量，可能麼？不但可能，它還是我們機體經常採用的一種補充能量的方式，這種方式叫「夢」。夢分兩種：白日夢和夜眠夢。以上所說的想像可以稱為白日夢，以上所說的情景也會出現在夜眠夢中。

幾乎我們每個人都做過許多令我們身心感到舒爽的夢，做完之後，我們可能會為我們白日夢中的胡思亂想感到羞愧，會對我們夜眠夢中的荒誕不經感到好笑，但它們自有它們的邏輯。

弗洛伊德的夢理論異常龐雜，其中很多觀點都令人難置可否或難以接受，但有一個觀點卻非常令人信服，即：夢是願望的達成。

在此我們將他的這一觀點進一步明確化：夢發生的過程，實際上是知識——信息系統向那些所缺能量得不到正常補充的系統供應替代性能量的過程。

我們看，無論白日夢還是夜眠夢，所用的材料都是信息，而信息是由脾胃系統負責貯存的。當某個系統缺乏的能量得不到正常補充時，脾胃便用自己所貯存的信息組合成這個系統所需要的能量輸送給它。

之所以我們在做完夢之後（無論白日夢還是夜眠夢），身心往往會感到舒爽，就是因為體內被充入了新能量的緣故。

除去白日夢和夜眠夢以外，回憶有時也會起到同樣的功效，而回憶所用的材料也是貯存在脾胃系統中的信息。

這種工作是我們機體自發進行的，並不受我們意志的控制，最明顯的，我們不能預定我們今晚入睡後是不是做夢、什麼時間開始做夢以及做什麼樣的夢；即便在日間，當我們不由自主地做起白日夢時，雖然我們意識到自己是在胡思亂想，卻又很難制止住它，特別是，這是種令人愜意的事情，如果不是怕耽誤正事，我們還真不想打斷它。

不過，說「夢是願望的達成」還不太準確，不如說夢是平衡各系統所貯能量的方式，不但不足者給予補充，過強者還要給予削減。譬如，我們有時會做一些可怕的夢，可是就是因為我們所收貯的安全能量太多，需要用這樣的夢抵消一下。

即便將夢說成是「平衡我們各系統所貯能量的方式」，也很難概括數不勝數、紛繁複雜的夢。就我們現在的認知程度而言，夢仍然是一個不易破解的謎團。

在《黃帝內經》中，脾胃被稱作「倉廩之官」，用今天的話說，就相當於單位裏的倉庫負責人，負責保管單位裏的基本物資。

我們體內的基本物資——信息是歸脾胃掌管，我們體外為我們所擁有的基本物資也歸脾胃掌管。

什麼是基本物資呢？只有寥寥幾種物資屬於特殊物資，如空氣是一種，它歸肺主系統掌管；水也可以算作一種，它主要歸腎主系統掌管……除去這寥寥幾種特殊物資外，其餘所有物資都可算作基本物資。

不但我們體內的信息，可以被脾胃用來轉化成替代性能量，我們體外的物資也可被脾胃用來轉化成替代性能量。

脾胃有時單用體內的信息進行轉化，有時單用體外的物資進行轉化，更多的時候則是兼用體內的信息和體外的物資進行轉化。

譬如，一個失去了兒子的母親，會長久地保存著兒子的遺物，仿佛她只要還擁有這些遺物，就還擁有她的兒子一樣——兒子的遺物成了兒子的替代物。

再譬如，兩地分居的夫妻，互相揣著對方的照片，時不時地拿出來端詳端詳，就能找回一些兩人在一起時的感覺——對方的照片成了對方的替代物。

為了以下舉例的方便，我想在此提前介紹一下作為功能系統的自我實現——求智求能系統。它的組成方式是：左腦——右腦——體之總和——官之總和。

所謂自我實現，是指實現自我的志向、抱負或價值。自我實現需要的滿足，即我們素常所說的成功，它帶給人的是一種什麼樣的感受呢？一個字：醉！

真正的、健康的醉是怎樣呢？用語言是很難形容的，只能說那是一個運動員打敗最後一個勁敵時的感受，一個科學家完成一個重大項目時的感受，一個作家寫出一部得意作品時的感受，一個歌唱家圓滿地舉辦完一場個人演唱會時的感受……誰都希望能獲得自我實現，誰都希望能獲得醉的體驗，但只有很少的人能夠如願。這種需要如果遲遲得不到滿足，人就會有一種壓抑感、挫折感或空虛感。

人不能長期在這樣的精神狀態下生活，怎麼辦呢？人類發明了許多種替代物或替代方式。

譬如飲酒，幾杯酒下肚，便會讓人獲得「醉」的感覺。適當的醉，會讓人通體舒泰；過度的醉，就讓人裏外難受了。

譬如吸煙，特別是那些煙癮很大的人，在憋了一段時間以後，總算能過過癮了，猛吸上幾口，便會有一種飄飄欲仙的感覺。

可能感覺吸普通的煙還不過癮，人們製造出了特殊的煙：毒品。據說吸毒的感覺要比吸煙美妙許多倍：吸煙都能使人飄飄欲仙，吸毒的感覺又會怎樣呢？

單從酒、煙和毒品銷量之大上，我們就可粗略地估計到人類在這方面的需求是多麼強烈、多麼普遍。

以上我們所列舉的應算不良替代物或替代方式。此外還有一些好的替代物或替代方式，譬如許多體育項目就是以往戰場上格鬥拼殺的替代方式；譬如文藝創作，可以使你在現實中無法實現的願望在作品中得到實現；再譬如科學家幻想，往往能對科學研究起到啟發和推進作用，並通過科學研究得到實現……

其實，替代物或替代方式作為「物」或「方式」，不應該用「好」與「不好」劃分，關鍵在於人們如何對待它們、如何使用它們。譬如時下盛行的計算機遊戲，可以讓一個膽小如鼠的人在遊戲中進行一次次非同尋常的冒險；可以讓一個屢遭戀愛挫折的人在遊戲中任意選擇他所喜歡的異性；可以讓一個循規蹈矩的人在遊戲中野蠻透頂、胡作非為；可以讓一個一事無成的人在遊戲中指揮海陸空三軍打敗強大的敵軍，取得輝煌的勝利……這樣的遊戲若適當地玩玩，可以讓人獲得若干所需的替代能量，可以活躍活躍人的精神，但若沈溺於其中就不可取了。

現在我們著重談談兩種在我們人類生活中占據重要位置、發揮著重大作用的替代物或替代方式。

一是宗教。宗教的實質在於，它用虛擬的偶像代替了人們本該信奉的東西，以供人們膜拜。在以往的階段，由於人類的理性還普遍地比較稚弱，只有極少的人悟出了這種東西（這些人可以稱為先知先覺的人），於是他們虛擬出外在的偶像，把這種東西投射到這樣的偶像身上；或者，就連這些先知先覺的人也誤認為這種東西來自外部的某種神秘之物。

無論是有意還是無意，這樣做都是必須的，因為只有這樣，云云衆生才容易接受這種東西②。

儘管許許多多的人指責宗教具有欺騙性，儘管宗教也曾製造或引發過許許多多的迫害、爭鬥以至戰亂，但在人類歷史上相當長的一個時期內，宗教的確對人們的精神起到了慰藉作用、充實作用或警戒作用。宗教帶給人的與其說是信仰，不是說是秩序，如果沒有宗教（包括儒教在內），人類歷史上由人類製造的災難比我們現在所知道的還要多得多，可能連記述歷史的人也被吞噬掉了，更不用說今天我們這些讀歷史的後人們了。

到19世紀末20世紀初，由於近代文明的濡養，人類的理性比從前大為提高，人類的自信也比從前大為增強，隨著尼采一聲「上帝死了」，似乎人類要轉而信奉自己的力量，主宰起自己的命運，承擔起自己的使命。

但是，一個多世紀以來的事實表明，宗教偶像讓出的位置，基本上都被金錢占據了——物質的偶像取代了精神的偶像。

這就是我們著重要談的第二種替代物或替代方式——金錢。

按說，金錢的作用只限於滿足人們的物質性需要，即用於購買基本的生活資料。但是，在現實社會中它的作用被無限制地擴大化了，幾乎到了無所不能的地步，能夠滿足人們所有方面的需要。

首先，它能滿足人們自我實現的需要，即能買到成功：錢可以使一個政客買到與他的支持率不相匹配的選票，可以讓一個演員買到與他的演技不相匹配的名聲，可以讓一支球隊買到與它的實力不相匹配的勝利，可以讓一個商人買到與他的身份不相匹配的便利……從而使他們獲得驕人的成功。

自我實現需要是人們最重要的一種需要，成功是一種最有價值的東西，連它都能被金錢俘獲到手，其它如安全、關愛、尊重、自主的權利以至主宰別人的權利等等，就更是「孔方兄」的囊中之物了。

舉這些例子已很能說明問題了，有興趣的讀者，如果發揮一下自己的想像力，還會在我們的生活中找出許許多多、形形色色的替代物或替代方式。特別是有興趣的學者，若能對替代物或替代方式在我們人類歷史的各個階段、人類社會的各個領域對人類生活發揮的重大影響好好研究一番，寫出一部專著，那將是一種非常有意義的事情。

四

用替代物或替代方式使我們精神機體的需要得到滿足，這樣做既有益也有害。益處很簡單：可以解決我們精神機體所遇到的能量危機；不然的話，我們的精神生命就會陷入困頓、癱瘓以至崩潰。

其實，不只是我們的精神機體，就連我們的物質機體也時常需要用替代物或替代方式來滿足自己的需要。就拿我們物質機體最基本的需要——對食物的需要來說，我們並不是總能及時地得到充分的正當食物，像我們中國，溫飽問題的解決才是不久以前的事，而如今許多國家、許多地區的許許多多的人們還沒有解決這一問題。在缺乏正當食物時，就必須選擇用替代性食物充饑，如野菜、樹葉、草根及橡子面等等——人總不能乾等著被餓死啊！

充足的、正當的物質食糧，需要靠許多許多代人進行許多許多年的努力才能獲得，並要靠每日每時的努力去維持。由此昭示我們：充足的、正當的精神食糧，也要靠我們許多代人進行長期的努力才能獲得，並要靠每日每時的努力才能維持。

在這個目標實現以前，我們就不得不經常地用替代物或替代方式來滿足我們的精神需要。

這樣做的害處在於，這畢竟是變相的滿足，久而久之，會引起我們精神機體的病變，具體表現就是「精神變態」，或如時下常說的「心理變態」。

就像我們長期用野菜、樹葉、草根及橡子面等替代性食物充饑，也會引發我們物質機體的病變一樣（生理學家或醫學家會告訴我們是什麼樣的病變）。

精神變態（或心理變態）的例子很多，我們試舉幾個。

譬如吹牛。當親友相聚或同事相聚，適當地吹吹牛，只是開開玩笑，活躍活躍氣氛，這算不了什麼。在有些人就不同了，他們不吹牛不說話，說話就吹牛，吹起牛來已不覺是在吹牛，吹得就跟真的似的：沒錢楞說自己有很多錢，沒本事楞說自己很有本事，沒成就楞說自己很有成就……這就是明顯的變態了。吹牛大概是自我實現需要的變相滿足。

再譬如戀物癖。有些男人由於長期渴慕女性而不能如願，便轉而熱衷於收貯女性的物品，如奶罩、內褲、裙子及照片等。這種行為大概是性愛需要（屬於關愛需要）的變相滿足。

至於自言自語，就有些複雜了：既可能是關愛需要的變相滿足，因為有些自言自語者像是在對別人傾訴；也可能是尊重需要的變相滿足，因為有些自言自語者像是在怒氣沖沖地斥責別人；還可能是自我實現需要的變相滿足，因為有些自言自語者像是在發表獲獎演說……

大體上可以這樣概括精神變態者：由於他們的某些精神需要長期得不到正當的滿足，只能用替代物或替代方式予以變相的滿足，久而久之，引發了他們精神機體中某些部位的病變，使得這些部位的功能無法正常發揮，當他們遇到相關事情時，他們便會產生不正常的、怪異的反應，如在言語、行為以至神情等方面。

精神變態者的病變是局部性的，他們從總體上來說還算正常，能夠對自己的行為負責，只是遇到相關的事情時，他們便控制不住自己了。譬如某個大學生，這會兒還能跟人縱談世界風雲，下一會兒他走進一家書店時，看到一本書非常棒，便趁人不注意，揣進了自己的衣服裏——偷竊就是一種精神變態。

精神變態者的變態程度如果不很嚴重，那麼讓引發他們病變的需要持續相當一段時間得到正當滿足，他們的病變部位便會痊愈，他們的變態症狀便會消失；但如果他們的變態程度已很嚴重的話，用這種方式就不靈。像上面提到的那個偷書的大學生，當初他之所以偷書，是因為他沒錢買自己想要的書，只好用偷這種變相的方式使自己的需要得到不正當的滿足。現在他畢業參加工作了，已經有了一定的收入，完全有能力買書了，但由於他已經偷得上癮了，所以他仍不肯花錢買書，而是時不時地到書店裏過過手癮。對這樣的精神變態者，就只能用精神治療、思想教育以至法制懲辦的方式給予解決了。

當然，更大的可能是：這個大學生不再偷書了——他變好了。在我們的生活中，我們發現有這樣一種人，他們在早先條件不好的時候，曾有過這樣那樣的惡劣行為；當他們條件變好以後，他們改掉了自己從前的惡劣行為，甚至開始做些善事，於是，人們便說他們是「裝好人」。其實，這可能是誤解他們：他們在條件不好的時候只能用替代的東西、替代的方式滿足自己的某些需要，這就是他們有這樣那樣惡劣行為的緣由所在；當他們的條件變好後，他們便用正當的東西、正當的方式滿足自己的需要，不再有從前的惡劣行為了，也就是說，他們真的變好了。有句話說得很有道理：貧窮是罪惡之源。

當然，的確有那麼一少部分人，在條件變好以後，一方面演些假仁假義的把戲，一方面繼續作惡——因為他們不作惡就渾身難受。

條件不好時作惡，可能是精神變態；條件變好後仍繼續作惡，可能就是精神痼疾了。

讀者朋友若想詳細瞭解精神變態方面的情況，不妨找一些精神病學、變態心理學等方面的書讀讀。另外，在很多文學作品中都有對精神變態者的生動描寫，如魯迅先生名作《阿Q正傳》中的阿Q，就是一個典型的精神變態者。阿Q由於自己的精神需要得不到正當滿足，只好用「精神勝利法」這種替代性的方式使自己獲得變相的滿足，久而久之，他就成了個精神變態者，總做出些荒唐可笑的事情。

話又說回來，「愚者千失，終有一得」，對於那些遇事總想不開的朋友來說，與其乾生氣、空悲嘆，不如適當地學學阿Q的「精神勝利法」。

只是，別成為「阿Q」就好。

在我寫完這段文字後不久，我在二〇〇二年十一月十日的《參考消息》上讀到這樣一篇文章，由於篇幅不長，茲全引如下：

預期開心事　也可促健康

〔路透社華盛頓十一月六日電〕美國研究人員今天提出，笑容可能是最佳的藥物，而且甚至對開懷一笑的預期也能提高免疫系統功能並減輕壓力。

歐文加利福尼亞大學的一個研究小組指出，僅是對開心或好笑事情的期待就可以提高內啡肽和其它引起愉悅和放鬆感的激素的水平，減少壓力激素的產生。主持此項研究的家庭醫學副教授李・伯克在電話採訪中說：「這確有其事。我們的研究顯示，甚至提前幾天預知自己會涉及一件有趣事都會降低壓力激素的水平，提高有助於放鬆的化學物質的水平。」

他領導的小組對十六名男性進行了測試，這些試驗對像都一致認為一盤錄像帶很好笑。其中一半人被提前三天告知他們會觀看這盤錄像帶。

預先得到消息的人立刻開始出現生理變化。他們的皮質醇（一種壓力激素）水平下降了百分之三九，腎上腺素水平下降了百分之七十，而使人感覺愉悅的激素內啡肽增加百分之二七，生長激素的水平上升了百分之八七。

伯克說：「生長激素對免疫系統非常有益。」

伯克和其它科學家早已指出，觀看滑稽電影或被笑話逗笑可能使緊張激素水平和血壓降低。但證實對娛樂的預期也具有同樣效果還是第一次。

用我們本章所陳述的觀點分析為什麼會產生這種現象，是因為被測試者們在獲得將要看一盤有趣錄像帶的信息後，這些信息引發了他們的想像，而想像就為他們的精神機體充入了新的能量，使他們的精神機體增添了活力，並連帶引起他們生理機體的良好反應，因為人的精神機體和物質（生理）機體是相互聯通的，或如許多書中所提到的「心身交感論」所云。

五

也許有些讀者朋友會對上節所列舉的幾種精神變態者的情況感到可笑，但是，在笑別人的同時，可能就是在笑我們自己。因為，正如基本上不存在生理意義上完全健康的人一樣，基本上也不存在精神意義上完全健康的人。

幾乎我們每個人都有程度不同、類型不一的精神變態。

接下來，我們就談談我們常說的脾性和脾氣。其實，脾性就是程度較輕的變態，而脾氣則是脾性的表現。老百姓常說的一句話是：誰沒點脾氣呀！從本書的角度看，這句話等於是說：誰沒點變態呀！

為什麼會這樣呢？

如前所述，精神意義上的脾官承擔著為其它系統的需要提供替代性滿足的工作，脾官的這一工作並不是散亂無章的，而是有軌跡可尋的：一般人的脾官，主要是為一兩個系統的需要提供替代性滿足，脾官的這種行為傾向久而成性，即為脾性。

中醫學書籍中，經常有脾性好苦、脾性好甘及脾性好酸之類的提法，這是針對生理方面的情況而說。針對精神方面的情況，譬如本章前面提到的那類好吹牛的人，我們可以說他們脾性好吹：對於前面提到的那個好偷書的人，我們可以說他脾性好偷，等等。

那麼，脾氣指的是什麼呢？脾氣是指脾官在為其它系統提供替代性滿足的工作遇到挫折時的表現或反應。脾氣往往是由脾性產生出來的，即有什麼樣的脾性，就有相應的什麼樣的脾氣（當然也有少量的例外）。

既然脾性是指有規律的行為傾向，那麼脾氣就相應地是有規律的表現或反應。大體說來，脾性好吹牛的人，脾氣是好強辯；脾性好偷竊的人，脾氣是善狡賴；脾性好幻想的人，脾氣是流於輕狂；脾性好回憶的人，脾氣是易於傷感……

當然，這只是大體的描述而已，具體的情形並不能一概而論。譬如同樣是好吹牛的人，當他們的吹牛行為受到挫折（他們吹的牛被人戳穿、被人駁倒以至沒人聽他們吹牛）時，他們的表現或反應，也即脾氣，雖然總的可以用強辯來概括，但每個人又有每個人的具體表現或反應；即便是同一個人，在不同的場合中，也會有不同的表現或反應，對此我們不再細論。

接下來，我們談一個很重要的問題。

說到脾性，就使我們聯想到性格，那麼，脾性與性格有什麼區別，脾性與性格又有什麼關係呢？

在回答這些問題之前，讓我們先來談談性格。正如我們的祖先不滿足於將世界當作一個混沌的整體來認識，而是把組成世界萬物的基本物質進行分類，從而產生了地火水風（印度）、水火土氣（希臘）及金木水火土（中國）等若干種分法一樣，對人的研究也必須要對人進行分類。

對人進行分類的方式有多種，可以按種族分，可以按膚色分，也可以按地域分，還可以按宗教分。但是，最基本的分法則是按性格分。在這方面，前人已做過一些嘗試，像古希臘醫生希波克拉底將人的性格分為多血質、粘液質、膽汁質和抑鬱質四種類型；榮格分為外傾思維型、內傾思維型、外傾情感型、內傾情感型、外傾感覺型、內傾感覺型、外傾直覺型和內傾直覺型八種類型；弗洛姆分為生產的傾向性和非生產的傾向性兩大類型，前者是健康的性格，後者是不健康的性格，後者又分為接受傾向性、剝削傾向性、貯藏傾向性和市場傾向性四種類型。

除此以外，像中國的屬相說、日本的血型論和西方的星座學等，也應當算是對性格的幾種分法。

本書對人的性格的劃分來得很現成，就是按照五個能量系統劃分，也就是說，人的性格可以劃分為五種類型：自主——享受型、尊重——爭強型、安全——護衛型、關愛——親合型和知識——信息型。在這五種性格中，每一種還可再分為兩種，即：

自主——享受型可以分為自主型和享受型兩種；

尊重——爭強型可以分為尊重型和爭強型兩種；

安全——護衛型可以分為安全型和護衛型兩種；

關愛——親合型可以分為關愛型和親合型兩種；

知識——信息型可以分為知識型和信息型兩種。

而且，這種再分是必須的。如關愛型和親合型，雖屬同行（都屬金行）性格，卻不屬於同一檔次。這從兩種人的需求上就可看得出來：親合型的人需求的是與別人聚在一起解解悶、壯壯膽或避避寒；關愛型的人當然也需求這些，但他們更需求與他人在思想、觀念及情感等方面的交流、溝通和契合。可以說，關愛型性格是精神性性格；親合型性格是准精神性性格，或者乾脆說就是動物性性格。關愛型性格是對親合型性格的超越，親合型性格則有待於上升為關愛型性格。

不但金行的這兩種性格是如此，在其它四行中——

火行中的自主型性格是精神性性格，享受型性格是動物性性格；

木行中的尊重型性格是精神性性格，爭強型性格是動物性性格；

水行中的安全型性格是精神性性格，護衛型性格是動物性性格；

土行中的知識型性格是精神性性格，信息型性格是動物性性格。

至此，我們將人的性格分為五行十種。

按說，我們應該對各行各種性格進行分析、研究了，但我現在還無力展開這一工作，只是在本書若干地方有些零零星星的觸及。我想，用不了多久，我們就能獲得一些有關這方面的比較系統、比較可信的研究成果。

六

我們很多人都有一種誤解：一提到某種性格，就認為指的是某種特徵、某種性質或某種表現，即認為性格是單一性的。實際上，性格是複合性的，更準確地說是複合體。

格者，格局也；性格者，性之格局也；性者，五個能量系統之性質、性能也。因而，性格指的是五個能量系統的性質、性能的格局。這句話聽起來有些彆扭，實際上倒不如說是五個能量系統在整個精神機體中分別所占比重的格局。

我不清楚平衡的格局應該是什麼樣的，我們不妨先採取種笨辦法，假設五個系統各占百分之二十吧。內在的平衡會帶來外在的安定，性格如此的人，表現得非常平靜、平和，讓人覺得很容易與之相處。但是，平衡既意味著平靜、平和，也意味著平庸、平淡，性格如此的人同時也是沒有特性、特色及特長的人，或如我們素常所說是沒有性格的人。

平時我們也常說，某某人很有性格，這實際上指的是此人的某個能量系統在整個精神機體中所占的比重較大，因而在他身上也就較突出地表現出這個系統的特性，他也就屬於由他的這個系統所決定的某類性格的人。由此也使我們看到，說一個人屬於某類性格，只是這類性格在他身上占的比重最大，而並不是說他身上只有這類性格，而其它四類性格就不存在。既然每個人的精神機體都有五個能量系統，那麼每個人的身上就都有五個能量系統的特性，也即每個人的身上都有全部五類性格，只不過它們有強弱輕重之分。正是從這個意義上，我們說人的性格是個複合體。

真希望有一天能像描繪每個人的基因圖譜一樣，我們也能為每個人描繪出性格圖譜，幫助大家更好地瞭解自己、掌握自己。雖然人類精神機體的情況很複雜，極少有能用直觀的、特別是量化的方式揭示的東西，但做到這一點還是可能的，最起碼我們能描繪出粗略的性格圖譜，即按一個人身上五種性格的最強、較強、一般、較弱和最弱分出他的上上性格、中上性格、中中性格、中下性格和下下性格。當然，在有的人身上，可能有兩種、三種以至四種性格強弱相當、不相上下，甚至還有像我們前面所提到的五種性格都強弱相當、不相上下的人，他們不是沒性格，而是性格比較均衡。

一個人的上上性格是哪種類型，一般我們就認為他是哪種性格類型的人。在有些人身上，雖然他們的上上性格所代表的那個能量系統在整個精神機體中所占的比重最大，但也不是很大，只占百分之二十幾，那麼這種人就是雖有性格、但性格並不鮮明的人。可是在有些人身上，則可能占到百分之三十、四十以至五十以上，那麼這種人就是性格比較鮮明以至非常鮮明的人。這種人精神機體內的五個能量系統由於比重失衡，所以很容易發生衝突；內在的衝突又會帶來外在的衝突，這種人會很容易與別人發生衝突。不難理解，這樣的性格，很容易引起精神機體的病變，並連帶引發生理機體的病變。

但是，幾乎所有的傑出人物都具有非常鮮明的性格。性格鮮明也即性格強，也即某個能量系統所占的比重非常大，也即這個系統的功能非常強，也即主體具有某方面非常突出的才能。主體的這種才能若被挖掘、被施展出來，他就有可能成為傑出的人物。而能否被挖掘、被施展出來，則要看他後天的努力如何、機遇如何。無論他的才能能否被挖掘、被施展出來，他的鮮明的性格肯定會呈現出來。老百姓常說「有脾氣就有活道」，準確點說應該是「有性格就有能耐」。

循著這個思路，我們有可能解開天才的奧秘。被稱為天才，是因為具有某方面異常突出的才能。某方面才能異常突出，意味著某個能量系統所占的比重異常大，百分之五十？百分之六十？百分之七十？抑或更多？這是天才的性格，同時也是危險的性格，因為太失衡了，太容易發生衝突了。所以天才擁有世人無法匹及的才能，擁有世人無法匹及的成就，同時也擁有世人無法匹及的痛苦，天才人物可能終生都生活在巨大的痛苦中，內心的衝突連帶引起與外界的衝突，有時劇烈得讓他們痛不欲生。像我們所熟知的拜倫、雪萊、普希金和萊蒙托夫這幾位天才詩人都是如此，最短壽的萊蒙托夫只活了二十七歲。歌德和列夫・托夫斯泰雖然都活了八十多歲，但他們在為後人留下更多精神財富的同時，也多忍受了幾十年的精神折磨。歌德在年輕時曾把他失戀的痛苦轉嫁到了少年維特身上；在他步入成年後的多半生中，他又把他內心的衝突轉嫁到了浮士德身上。而托爾斯泰竟然在八十多歲高齡上離家出走，並最終死在一個小車站上，總算得到了他終生都沒有得到的安寧。

正因為他們內心發生著激烈的衝突，所以他們才能寫出激烈的衝突，所以他們的作品才迸現出耀眼的火花，綻放出奇異的光彩。沒有衝突，哪有文學？

最後談一下我們前面提到的問題：性格與脾性的區別。兩者的區別在於：性格是天生的，而脾性則是派生出來的。性格是不能改變的，改變的只是它的層次，屬於同一行的兩種性格中，動物性性格可以昇華為精神性性格，反之精神性性格也可以退化為動物性性格。而脾性則是可以改變、可以消除的。

兩者的關係在於，一個人是某類性格，說明他的某個能量系統最強，因而需求最大，因而最難得到滿足，因而最需要脾官給提供替代性滿足。在這種情況下，脾性與性格是一致的，是由性格派生出來的。但還有另外一種情況，譬如一個尊重——爭強型的人，他的尊重——爭強需要較容易得到滿足，而他的關愛——親合需要卻最難得到滿足，最需要脾官提供替代性滿足，在這種情況下，脾性與性格就不一致了。

我有一種感覺，但還沒有確定：尊重——爭強型性格與O血型性格相關，安全——護衛型性格與AB型性格相關，關愛——親合型性格與A血型性格相關，而知識——信息型性格則與B性格相關。

那麼，自主——享受型性格與哪種血型性格相關呢？我們說，是一種可能檢測不到的血型，我們不妨稱之為第五血型，簡稱為W血型。

W血型性格，或自主——享受型性格，是一種什麼樣的性格呢？我們將在下一章中給予闡示。

①《內經釋義》，北京中醫學院主編，上海人民出版社一九七二年十二月出版。

②儒教倒是讓人們直接信奉這種東西，但由於只有極少數人具有相應的理性，所以儒教在很大程度上一直流於形式化。

第五章　人類精神機體的能量系統（D）特別談談主控——享受系統

南方生熱，熱生火，火生苦，苦生心，心生血，血生脾。心主舌。其在天為熱，在地為火，在體為脈，在藏為心，在色為赤；在音為征，在聲為笑，在變動為憂，在竅為舌，在味為苦，在志為喜。喜傷心，恐勝喜；熱傷氣，寒勝熱；苦傷氣，鹹勝苦。

——《素問．陰陽應像大論篇第五》

心位居胸中，有心包圍護於外，在體合脈，其經脈下絡小腸，與小腸為表裏，開竅於舌。

——《內經釋義》①

性格強的人，經常很難控制自己，因為他們性格所代表的那個系統太強，而他們的自主系統相比起來則較弱，很難控制好那個系統的舉動，用句中國的古話說，叫「強臣欺主」。

自主系統，如果從它的外部角度來談的話應該這樣稱呼它；如果從它的內部角度來談的話，應叫做主控系統。

主控者，主宰控制也。

一

這個系統的全稱叫主控——享受系統，其組成形式是心—小腸—脈—舌。其中心是臟官，小腸是腑官，脈是體官，舌是感官。作為組成主控系統的四種器官，它們在它們各自所屬的範疇中，都是主控器官，即心臟是五種臟官的主控器官，小腸是五種腑官的主控器官，脈是五種體官的主控器官，舌是五種感官的主控器官。

我們打一個雖不十分恰當、但很有助於說明情況的比喻。心臟相當於總理，其它四臟則相當於它屬下的幾個部長，我們用最基本的幾個部假設它們：脾是生產部長，肺是交通部長，腎是商業部長，肝是公安部長；小腸相當於省長，其它四腑則相當於它屬下的幾個廳長，相應地胃是生產廳長，大腸是交通廳長，膀胱是商業廳長，膽是公安廳長。

體和官的級別誰高誰低呢？由於體往往擔負具體執行的工作，我們就假設官的級別高出體一級，那麼舌就相當於地級市的市長，而其它四官就相當於它屬下的四個局長，如此：口是生產局長，鼻是交通局長，耳是商業局長，眼是公安局長。最後，脈相當於縣長，其它四體就相當於它屬下的四個局長，也即：肌肉是生產局長，皮膚是交通局長，骨是商業局長，筋是公安局長。

每四個分屬於四個範疇的、相互對應的器官構成一個特定的系統，除了心、小腸、舌和脈構成主控系統外，脾、胃、口和肌肉構成生產系統，肺、大腸、鼻和皮膚構成交通系統，腎、膀胱、耳和骨構成商業系統，而肝、膽、筋和眼則構成公安系統。每個系統都擔負著某種特定的職責，每個系統都發揮著某種特定的功能。

在《黃帝內經》中也有一個用國家行政機構來比喻人類生命機體的例子，非常精彩，一向為人樂道，茲引述如下：

心者，君主之官也，神明出焉。肺者，相傳之官，治節出焉。肝者，將軍之官，謀慮出焉。膽者，中正之官，決斷出焉。膻中者，臣使之官，喜樂出焉。脾胃者，倉廩之官，五味出焉。大腸者，傳導之官，變化出焉。小腸者，受盛之官，化物出焉。腎者，作強之官，伎巧出焉。三焦者，決瀆之官，水道出焉。膀胱者，州都之官，津液藏焉，氣化則能出焉。凡此十二官者，不得相失也。故主明則下安，以此養生則壽，歿世不殆，以為天下則大昌。主不明，則十二官危，使道閉塞而不通，形乃大傷，以此養生則殃，以為天下者，其宗大危。戒之戒之！

——《素問・靈蘭秘典論篇第八》

一種東西能夠比喻另一種東西，這二者必然有相通之處。人類生命機體與國家行政機構的相通之處在於：前者是後者的本體，後者是前者的顯體。本體只有一個，而顯體則有無數個，除了國家行政機構外，如果我們再剖析一個工廠的機構設置、一個學校的機構設置或一個社會團體的機構設置，它們雖然各有各的特殊之處，但大體都不脫人類生命機體的巢穴。

在此，我想特別談一下人類文明機體的構成情況，這一問題雖然我已考慮了許多年，但下面提出的觀點仍不成熟，有待與大家商榷。我認為，以印度為主的佛教文明區域相當於人類文明機體的知識——信息系統，以阿拉伯國家為主的伊斯蘭教文明區域相當於關愛——親合系統，以中國為主的儒教文明區域相當於安全——護衛系統，以歐洲國家為主的基督教文明區域相當於尊重——爭強系統。

那麼，哪一種文明相當於主控——享受系統呢？這是一種關鍵的文明，人類文明有待於通過它而統一成一個有機的整體；這是一種正在形成、但還未形成的文明。它相沿而為第五文明，我們就也稱它為W文明吧。

那麼，這應該是一種什麼樣的文明呢？

我們既然是從宗教的角度談人類文明，我們就先來談談宗教。我們看，佛教所信奉的是佛，伊斯蘭教所信奉的是真主，儒教所信奉的是仁，基督教所信奉的是上帝，並且它們都分別宣稱：佛在我們心中，真主在我們心中，仁在我們心中，上帝在我們心中。既然同屬於人類，難道不同地域、不同信仰的人們心中會有不同的東西？如果是這樣的話，人類怎麼能共同建造起孔子所說的大同社會、柏拉圖所說的理想國和馬克思所說的共產主義社會——一個統一、健全、美好的人類社會；就像傳說中的巴比倫人，由於說著不同的語言，怎麼能協同建造起通天塔！

造通天塔的巴比倫人之所以說著不同的語言，是因為他們作孽太重，上帝為了懲罰他們，有意在他們之間製造隔閡，使他們不能如願以償。幸好，上帝不想懲罰我們，沒有在我們人類之間製造隔閡，我們人類之間的隔閡都是由我們人類自己造成的。當然這不是有意的，而是由歷史的、地域的及其它方面的原因造成的。今天，架隔在不同地域的人類之間的藩籬正一節節被衝破，整個人類世界正日漸融通為一個整體。

那麼，是什麼東西促使我們人類世界走向統一、並最終實現統一呢？佛教會宣稱：是佛；伊斯蘭教會宣稱：是真主；儒教會宣稱：是仁；基督教會宣稱：是上帝。這是一個最需要我們予以正視的問題：人類世界的統一最容易在科技、經濟及藝術等領域得到實現，而最難在宗教領域得到實現——宗教將是阻擋人類世界實現統一的最大障礙。

人類如何克服這一障礙呢？

讓我們先將謎底揭開：實際上，佛、真主、仁和上帝指的是同一種東西，我們人類心中共有這樣一種東西，我們人類心中只有這樣一種東西——它就是我們在第一章中提到的精神性地球，或稱為地球精神。在第一章中我們曾談到，在形成一個物質性地球的同時，還在形成一個精神性地球。首先完結的是物質性地球的形成過程，其標志是活動的物質性生命——動物的出現，隨後完結的才是精神性地球的形成過程，其標志就是活動的精神性生命——人類的出現。動物擁有完整的物質性地球，擁有活動的物質生命，卻不擁有完整的精神性地球，因而也就不擁有活動的精神生命——精神生命在它們身上還處於潛在狀態；人類既擁有完整的物質性地球，擁有活動的物質生命，又擁有完整的精神性地球，擁有活動的精神生命。因而，對於漢語中的「人」字，我願做出這樣的解釋：左邊的一撇，指的是人所擁有的精神性地球、活動的精神生命；右邊的一捺，指的是人所擁有的物質性地球、活動的物質生命——少去哪一邊，「人」都不復存在。

雖然我們人類與動物擁有同樣的物質生命，但我們人類的本質卻是由我們的精神生命所決定的，因而，不應該將人當成動物一樣看待。許多人也看到了人與動物的區別，卻只認為這是量的區別，因而便把人說成是「高級動物」。然而，只要把人當成動物看待，無論把人看得多麼高級，都不會獲得對人的真正認識。

人與動物之間有著質的區別，區別就在於有無精神生命。雖然極少有人認識到精神生命在我們人類身上的存在，但我們每個人都能感受到精神生命在我們人類身上的存在，我們人類所創造的一切文明成果都是在我們人類精神生命的主使下創造的，我們每天所進行的絕大多數活動都是在我們人類精神生命的主使下進行的。宗教家們參悟到了它，卻把它當成了我們應該敬奉的神明——它的確是神明，卻是神明的智慧，為我們人類燭照出地球世界一切事物的秘密，由此我們人類才能認識地球世界，改造地球世界，讓蒙昧的地球世界轉化為文明的地球世界；哲學家們探尋到了它，卻把它當成了人類應該遵循的天理——它的確是天理，是自然界的法則，是作為自然界最高產物的我們人類也應遵守的法則，由此我們人類的行為才有章有循，有道可依；倒是心理學家們準確地把握住了它，把它稱為「自我」，但卻大大地小視了它，只把它看作人類個體的自我——這就如同將地球儀當作地球一樣狹隘——它的確是自我，不但是人類個體的自我，也是人類整體的自我，還是地球世界的自我。

這三個自我是三位一體的，其根柢則是地球自我，即地球精神。地球精神賦予我們人類整體、人類個體的乃是種因，我們人類整體、人類個體還都分別需要經歷一個成長過程，才能獲得完整的地球精神、完整的精神生命或完整的自我。下面我們就將這兩個成長過程分別解述一下。

大家留意一下，這兩個過程基本上就是地球精神形成過程的重演。

二 人類精神生命的成熟過程（或：人類精神、人類自我的形成過程）

第一階段 知識——信息系統形成階段

由於地球精神在某類高級動物身上形成，這類動物便開始擁有了靈魂，他們因而也擁有了一個嶄新的名字——人類。

人類誕生之初，每個成員只意識到他個人的存在，雖然他們也時常聚居在一塊，卻如一盤散沙一樣，互相隔膜，互不關心。對於每個成員來說，餓的只是他自己，他只需為自己尋找食物；渴的只是他自己，他只需為自己尋找飲水；累的只是他自己，他只需讓自己得到休息……總之，他只需滿足自己的生存需要，一天天活下去就行了。至於別人挨餓、受渴、得病或死去，與他毫不相干。這個階段的利益單位是個人，因而這個階段也可稱為**個人系統形成階段**。

雖然人類已擁有了精神生命，但他們身上的精神之光還非常微弱，還不能使他們獲得精神生命特有的功能——創造的功能，他們還不能對大自然的物質進行再創造，還不能種植糧食、飼養動物、建造房屋……使自己過上較為安定、較有保障的生活。剛剛萌生的精神生命只能使他們簡單地利用外物：如用樹枝打下野果，用石塊投擊動物，以及從野火中採集到火種貯存起來……但是只要還沒學會創造，他們的生活就不會有質的改變。他們才是真正過著「靠天吃飯」的生活，哪裏有食物，哪裏安全，哪裏氣候溫和，他們就到哪裏去，浪跡於廣袤而荒涼的大地上。就在這不斷的遷徙中，他們認識了日落月出，認識了鬥轉星移，認識了寒來暑往，認識了山丘、河流、森林和平原，認識了許許多多的植物，認識了許許多多的動物，也認識了許許多多與他們一樣直立著身子行走的同類……總之，他們接觸到了大量的信息，這是生活在此後至少兩個階段的、他們的後代們所望塵莫及的。並且，他們還逐漸地為他們所接觸到的信息理出了頭緒；信息一旦被理出頭緒，便構成了知識。什麼樣的知識呢？譬如，他們知道什麼樣的野果是能吃的，什麼樣的野果是不能吃的；什麼樣的動物是危險的，什麼樣的動物是可親近的；什麼樣的地方暖和，什麼樣的地方寒冷……等等。當他們掌握的信息足夠多、擁有的知識足夠廣的時候，他們精神生命中的第一系統即知識——信息系統便告形成了。

★在這一階段，人類生活的基本特徵是混沌。人類的精神生命還剛萌芽，還很稚弱，還很難確定人類之所以為人類的特徵。人類還與大自然混在一起，還與動物混在一起，而且人類成員還混在一起，還意識不到彼此間的區別②……造成這一切的根本原因，是人類的理性才剛萌芽，還處於混混沌沌的狀態。這一階段，大概相當於學者們常說的蒙昧階段。

★這一階段的生活，培養出人類精神生命中的一大素質包容。因為在不斷的遷徙中，人類接觸了大自然的許多地方、許多現像，接觸了許多動物和植物，接觸了許多的同類……許多、許多次的接觸，使得人類精神生命的包容性越來越強，使得知識——信息系統得以形成。

即便在若干萬年後的今天，我們也會發現，那些浪跡四海的人，其心胸的包容性，是那些固守一地的人所無法比擬的。

★人類在這一階段的性格傾向類似於B血型者。茲引述日本研究血型的專家能見正比古先生的有關觀點：

關於A型和B型的性格傾向，能見正比古曾有一個假設。能見正比古設想，在地球上產生人類的初期，A型的生息環境主要是在密密森林或遍布叢林的山岳、丘陵等地形複雜、視野窄小的場所。而B型的生息環境多是草原、沙漠等視野廣闊的場所，並由此造成了A型和B型的不同性格和氣質。

能見正比古認為，這種設想並非單純的空想。從世界血型分布來看，歐洲和日本的A型比例較高，而B型較多的地區則集中在亞洲中央到西伯利亞的廣大地區。另據對大猩猩的血型調查資料反映，生活在山地的大猩猩，其血型為A型，而生活在低窪地的大猩猩血型則為B型。

可以想像，在廣袤無垠的蒙古草原上，極目望去，皆是一條地平線。在這種環境中，制定種種繁瑣的行動規範已缺乏實際意義。一個人在草原上隨意行動也不會對他人有所妨礙，這就促使生活在這一環境的B型養成了無拘無束、按自我意願進行行動的性格。

B型也被人稱為是「不避他人的B型」，這倒並非因為B型的群體觀念足夠強③，而是他所處的生活環境，使B型無需在行動上對他人有所顧忌，但當B型真被他人所厭棄時，B型則可能會無法忍受，這和B型曾生活在地廣人稀的環境中有較大的關係。

廣闊的大草原又為B型經常遷徙創造了可能，從而也造就了B型樂於游蕩的傾向。據說，好在海外旅行的日本人，不論男女，總以B型為多。據能見正比古估計，在愛好旅行的人們中，B型可能占百分之五十以上。

和A型的原始生活環境不同，B型在原始的生活環境中無需設置嚴密的防禦措施，對周圍的環境變化也無需過分緊張，在一覽無遺的大草原上，一旦在地平線上發現有所異常，B型也可採取臨時措施加以防範，只要動作不要太遲緩就行。

基於B型的原始生活環境，B型的性格就具有隨心所欲、不受拘束、行動較慢、也較為大意的潛在傾向。

無差別地看待事物往往也是B型的重要潛在性格傾向。說無差別，主要指B型認識事物或處理事物往往只注重其自然形態，而不人為地以人們的習慣看法、某些規則，甚至道德法律等人為的觀念摻雜其間，因為這一類人為觀念對大草原來說，其意義遠不如在人口稠密的地區重要。因此，在日常生活中，一個大企業老闆和一個酒吧侍應生除了職業有所不同外，並無什麼差別，根本無須對企業老闆低三下四，而對侍應生頤指氣使。由於B型較少持有上下差別的觀念，故不少B型領導常受到部下的歡迎，但卻可能較難得到上級的好感。

B型無差別的傾向也部分由於不受固定觀念束縛的思考方式所致，這有利於B型能力的發揮，但也可能在涉及公私事務、法律規章等問題時產生偏差。

此外，B型往往還在日常生活中表現出只對自己感興趣的事物全神貫注，而對其他事物則聽而不聞、視而不見，並常表現出粗心大意的傾向。這也可能是具有廣闊回旋餘地的草原生活對B型的影響④。

根據能見正比古先生的這些觀點，一，我們可以將這一階段人類的性格稱為**荒原性格**；二，還可以稱為**嬰幼性格**，恰好這一階段也正相當於人類的**嬰幼階段**。

第二階段　關愛——親合系統形成階段

知識——信息系統形成以後，作為一個生命系統它就處在了不斷的輸入——輸出過程中。不斷的輸出，指的是人們要不斷地使用知識；不斷的輸入，指的是人們要不斷地獲取、補充和更新知識。而知識是與理性密切相關的，或者說知識就代表著理性。隨著人們對知識的不斷輸入——輸出，人們的理性也在不斷增強。

不斷增強的理性不但被人們用來認識自然、改造自然，還被人們用來認識自己、改造自己。

在認識自然、改造自然方面，人們逐步學會了種植糧食、飼養動物、縫製衣服及築造房屋等，從而結束了不斷遷徙的日子，過上了較為安定的生活。

在認識自己、改造自己方面，一件有意義的事情發生了。早先人類的性生活與動物一樣混亂不堪，一個男人可以跟若干個女人發生性關係，一個女人同樣也可以跟若干個男人發生性關係，至於會產生什麼後果，他們誰也不清楚。但後果還是產生了，並且落在了女人身上。一個女人生下了一個孩子，她不但不知道是哪個男人留給她的，甚至不知道她為什麼會生出孩子。她唯一明白的是：這個孩子是她生的。此後，她又生下了第二個、第三個、第四個……孩子。

這也是信息。由於這時人們已具備為信息理出頭緒的能力，所以為這種信息理出的頭緒就是：這些孩子都是這個女人生的，都是她的孩子。這是氏族得以建立的第一個原因。

第二個原因是：由於這時人們已能建造一些基本的生活設施，使他們的生活具有了一定的穩定性，這樣才使得氏族得以建立並得以保持。這是一個非常重要的原因，如果沒有這個原因，這個女人和她的孩子可能早就因採摘野果、躲避危險或與異性相逐而分開了。

於是，以這個女人為核心，這個女人和她的孩子以及一個或幾個愛慕這個女人的男人（他或他們可能就是這些孩子的父親）組成了一個生活集體，這就是氏族；這也是氏族產生之初為什麼首先是母系氏族的原因所在。

氏族主要是根據血緣關係建立起來的。血緣可以說是與動物生活一樣混沌的人類生活中綻現出的第一條脈絡，它不但是聯繫人類成員的紐帶，同時也是分隔人類生活與動物生活的界限。

在這裏，我不想多談大家都熟知的那些氏族形成以後的情況，譬如母系氏族如何轉變成了父系氏族，氏族如何延展成了部落以及氏族或部落內部的生產方式、分配方式及成員之間的相互關係等等，而只想談談與本書有關的兩個問題。

在談這兩個問題之前，我想先用「家族」這個概念取代「氏族」和「部落」這兩個概念：一則「家族」的涵義可以包括「氏族」和「部落」的涵義；一則「氏族」和「部落」這兩個概念只適用於一定的歷史階段，而「家族」這個概念則一直適用到現在，而且還將長久地適用下去。

第一個問題是，這時候的利益單位已由個人上升到了家族，幾乎每個人都靠家族的存在面存在，都要盡心竭力地維護家族利益；如果失去了家族，作為個人是很難生存下去的。不只從這時的生產方式、生活方式講是這樣，從這時的生存環境講也是這樣。談到生存環境，絕大多數家族都定居在山丘或森林地帶，每個家族既要面對來自狂風、暴雨及野火等的侵害，也要面對來自多種凶猛動物的侵襲，還要面對來自其它家族的侵犯，只有家族中的所有成員都緊密地團結起來，才能對付這些威脅。因而，每個成員都將家族利益看得如同自己的生命一樣寶貴，捍衛它，就是捍衛自己的生命。從這個意義上講，這個階段也可稱為人類精神機體形成過程中的**家族系統形成階段**。

第二個問題可能也是每個人類成員崇尚家族利益的又一個原因，這個問題就是：家族形成以後，人類成員才結束了顛簸流離、孤苦無依的生活，找到了自己的歸宿，並在這個歸宿中得到了親人們的關愛。這種關愛首先來自母系氏族中母親們⑤的母愛。以母親們為紐帶，各個成員都意識到他們之間有著一種非常親密的關係，於是在母親們的薰陶下，他們也逐漸學會像母親關愛子女一樣地相互關愛。久而久之，這種關愛達到了最醇厚的地步。之所以用「最」字，因為它既是空前的，也是絕後的。之所以說「空前的」，就不必解釋了；之所以說「絕後的」，是因為此後由於私有財產和等級制度的出現，幾乎所有家族中親人之間的相互關係都遭到了來自權欲和利欲的破壞，甚至到了同室操戈、兄弟鬩墻的地步。

正是這種最醇厚的關愛，使得人類精神機體中的關愛——親合系統得以形成。

★這一階段人類生活的基本特徵是**分化**。從家族外部的角度講，一個家族的人已與自然、與動物、與其它家族分開了。從家族內部的角度講，分化情況就更多了：

一是工作的分工。種植業當然是既適合男人，也適合女人幹的一種工作。除此之外，分派給男人們做的工作是狩獵、捕魚、蓋房及外出打仗等，分派給女人們做的工作是採摘果菜、縫製衣服、燒火做飯及看護老人孩子等。

二是等級的分化。原先家族成員在地位上是相互平等的，後來則逐漸根據性別、輩份、能力及貢獻等因素劃分出了若干個等級。

三是產品的分配。原先一個家族的勞動所得都是無差別地歸全體家族成員一起享用，後來則逐漸地根據這樣那樣的規則有差別地分配到各人或各家。

四是生活的分開。上面之所以說「各家」，是因為隨著婚姻中夫妻制的出現，一個家族被分成了若干個家庭，從前的家族生活也隨著被家庭生活所取代。

五是對事物的分類。原先人類對事物的認識是混混沌沌的，隨著人類理性的提高以及由此而帶來的原始語言和原始算術的產生，人類已逐漸能賦予各種事物以確定性，從而將每種事物與其它事物區別開來。

關於分化的例子我們還能舉出許多，但以上所舉的這些已足以說明問題了。

★這一階段的生活在人類精神生命中培養出的一大素質是**認真**。

這一問題我們既可結合上一問題談論，因為人類生活不斷分化的過程，就是人類認真素質不斷增強的過程；此外還可結合下一問題談論。

★這一階段人類的性格傾向與A血型者的類似。

以下我們繼續引述能見正比古先生的觀點。

A型的原始生存環境主要是在密密森林或遍布叢林的山岳、丘陵等地形複雜、視野窄小的場所。

從A型的生活環境來看，由於視野狹小，敵害很容易從較近的距離向A型發動襲擊，為防止此類危險，A型就得仔細觀察周圍的細微動靜，哪怕是一點輕微的聲響，或是一片樹葉的異常擺動，都必須引起A型的高度警惕。A型的謹慎、小心也許就此逐漸形成了。

此外，山谷、岩縫常是敵害的藏身之處，如毫無警覺地自由行動即可能遇到意外的傷害，為安全計，固定居住在某一安全地區也許就是現代A型常有戀土心理的原因。

又由於A型的生活環境多為地形複雜之處，因此對居住地點必須做精心的選擇而不能輕易移動。為了適應這一居住環境，A型也不得不進行自我抑制。同時，A型又可在一定程度內盡力改善自己的生活環境，這也許是A型的實用技能較強的一個原因。

A型的生活環境對A型的社會特性也起了很大影響。在信息交流不便的山地地區要維持一個群體社會不知要比平原地區困難多少倍，為此就需確定抽像的規則、秩序、標識等等，並將其作為社會群體成員的共同規範，由此產生A型對社會秩序、規範的尊重也就順理成章了。從這點來看，歐洲的法學較為發達也許不是一種偶然的現像。

A型具有小心謹慎、注意力集中、善於自我抑制，具有較強的實用技能和尊重社會習慣、秩序，以及社會意識較強、對社會具有使命感等傾向。這些均是不同於其它血型的重要表現，也是A型性格的重要潛在傾向。

A型的另一重要氣質傾向是完美主義。

仍以能見正比古的假設為條件，在視野不良的條件下，要免遭敵人和猛獸的侵害，就必須做到完善和萬無一失，否則，任何微小的疏忽都可能產生重大的後果。

A型的完美主義傾向在工作中常表現為認真和富有責任感，故A型常被認為是社會的模範公民。並且，A型在工作中所注意的不是已完成了多少，而往往是還有多少未完成的工作；即使對已完成的工作，他所看到的也常不是哪些做得不錯，而更看重哪些做得不夠好，並可能將這些缺陷誇大，甚至由此產生悲觀心理。因此，在實際生活中，人們常可發現A型的牢騷、不滿一般較多。現實的世界不可能那麼完美無缺，但是，當A型對現實不滿的情緒以積極的形態出現時，A型也會表現出追求進步，並表現出積極改善現狀的進取姿態。

完美主義也表現在A型所具有的強烈好勝心上。一般說來，A型多不肯認輸，即使A型處於較弱的地位，他也不會輕易放棄取勝的念頭。而O型雖然也極注重勝負，但O型對勝負的態度卻比A型更為現實，一般並不勉為其難⑥。

A型的原始生存環境，即密密森林或遍布叢林的山岳、丘陵等地形複雜、視野窄小的場所，正是人類在關愛——親合系統形成段所處的生存環境。可以理解，長期在這樣的環境中生存，自然就培養出人類謹慎、細心及認真之類的素質。我們用「認真」一詞來概括這類素質。

同樣，一則我們可以將這一階段人類的性格傾向稱為**森林性格**；一則可以稱為**兒童性格**，因為這一階段正相當於人類的兒童階段。

第三階段 安全——護衛系統形成階段

可以說，人類社會不斷發展的進程，就是人類成員不斷聯結的過程。首先是血緣關係將個人聯結成了家族，接下來，地域關係又將家族聯結成了邦。這種聯結是通過這樣兩種方式實現的：一是諸多家族之間自願的聯結；一是諸多家族之間武力的征服。

如果邦只是家族的聯結體的話，那麼邦較家族並沒有質的變化，但質的變化還是產生了，這就是城市的出現。

城市打破了家族間的界限，匯聚著來自不同家族的人員。我們可以為邦下這樣一個不正規的定義：一個城市及它下轄的若干個村莊。每個村莊聚居著一個家族，譬如張家莊就聚居著一個姓張的家族；趙家莊就聚居著一個姓趙的家族；李家莊就聚居著一個姓李的家族……邦主（他往往被稱為「王」）住在城市裏，他可能是邦內最強大的那個家族的頭領。

他是如何由一家之長變成為一邦之主的呢，也就是說，諸多家族是如何聯結為邦的呢？隨著生產力的不斷發展，生產技術的不斷提高，人類生產的東西越來越多、越來越好，由此帶來了兩方面的結果：一方面大大改善了人類生活的質量——這是人類之福；一方面則大大激起了人類的貪欲，引發了地區與地區之間的激烈爭奪——這就是人類之禍了。為了維護共同的安全，同一地區的諸多家族聯結成邦，並推舉最強大的那個家族的頭領作為邦主，在他的帶領下共同抵禦外侵——這是邦得以形成的一種方式；或者，若干個關係密切的家族聯合起來，用武力征服了同一地區的其它家族，然後由作為征服者的所有家族和作為被征服者的所有家族共同構成了邦，並由作為征服者的那些家族中最強大的那個家族的頭領擔任邦主（或是被推舉，或是乾脆自封）——這是邦得以形成的又一種方式。

利益是推動人類社會發展的首要因素。當家族已難以作為獨立的實體而存在、家族利益已難以依靠家族力量得到保障的時候，家族與家族通過地域關係聯結成更強大的集團——邦就成了歷史的必然。由此，人類的利益單位就自然而然地由家族上升到了邦。

為了邦的安全，以邦主為首的邦政府從各個家族、各個家庭徵調壯年男子，組建起軍隊，以抵禦外敵的入侵；軍隊的將士配備了堅實的盔甲和盾牌，以便在戰場上保護好自己；城市築起了高大的、堅固的城墻，連每個村莊也建起森嚴的堡壘。此外，邦政府還根據相鄰各邦的不同情況，分別採取不同的舉措：該聯合的聯合，該交往的交往，該防禦的防禦，該攻擊的攻擊。

以上這些還都是針對外部而設的。在邦內，以邦主為首的統治者建立了嚴格的等級制度，各個家族都被劃入了不同的等級中，而且採取世襲制；邦政府制定了諸多法律、規則、規定及禮儀，並設立了若干相應的機構，以便處治那些違犯這些法律、規則、規定及禮儀的個人、家庭以至家族。除了這些政治和法律的措施外，風俗和宗教也起到了相當重要、甚至更為重要的作用。

目的就在於：維護邦的安全。這不但是統治者的意願，也是被統治者的意願。在獲得充分安全的基礎上，人類精神機體的安全——護衛系統逐漸形成了。

我所說的這個階段，在歐洲大概相當於中世紀。埃裏希．弗洛姆在他的《逃避自由》⑦一書中，曾對歐洲中世紀的情況進行過比較令人信服的描述，在此我摘錄其中兩段，以供大家參考：

把中世紀與現代社會相比，其主要特點就是缺乏個人自由。在其早期，每個人在社會秩序中的地位是被固定死的。從社會地位看，個人很少有機會從這一階級轉到另外一個階級之中；

從地理位置看，他也很少有機會可能從這一城市或國家遷移到另外別的什麼地方去。除了少數人例外，絕大多數人都必須由生到死廝守在一個地方。甚至人們常常不能穿他們所喜歡穿的衣服，不能吃他們所喜歡吃的食物。工匠必須按某一指定的價格出售工藝品，農民必須在某一指定的市場從事買賣。一個行會會員不得向非本行會的成員洩露任何生產技術的秘密，而必須讓本行會的會友分享便宜買進的原材料。人的、經濟和社會的生活都被所制訂的規則和條約所操縱，這些規則和條約實際上控制了一切，沒有一個活動領域能例外。

但是，儘管人們沒有自由（現代意義上的自由），可並不感到孤獨。由於人一呱呱墜地，在社會中便有了一個明確的、不可改變的和無可懷疑的位置，所以他生根於一個有機的整體之中，並因此使他的生活確有保障。一個人與他在社會中所充當的角色是一致的。他是一個農民、一個工匠、一個武士，而並不是一個碰巧才有了這樣或那樣職業的個人。社會的秩序被視為如同一種自然秩序，由於人在這一秩序中的地位是確定的，所以他有了安全感和歸屬感。那時幾乎沒有競爭。

★在這一階段，人類生活的基本特徵是協調（也即協調一致）。

首先，當面臨外敵入侵時，邦內成員基本都能做到同仇敵愾，共同行動起來保衛邦的安全。因為大家都明白，沒有邦的安全，也就沒有他們每個人的安全，共同的利益把大家緊緊地拴繫在了一起。

其次，邦內的各種法律、規則、規定及禮儀，大家都能比較自覺地遵守。這是人類紀律性最好的一個階段。

再有，同一邦的人，特別是同一等級的人，都住同樣的房屋，穿同樣的衣服，持有同樣的觀念，信奉同樣的偶像（無論是宗教的偶像，還是世俗的偶像）。

協調的目的就是為了安全。安全既是生理上的，也是心理上的。誰若有出格的舉動，就意味著是對大家的一種威脅，就會被大家視為另類、異類，遭到大家的反感、譴責、驅逐以至殺戮。

因而，誰也不敢做出這樣等同於自殺的舉動，對於每個人來說，他唯一的選擇就是：與大家協調一致，獲得大家的認同，在大家的庇護下得到安全。

★這個階段的生活，在人類身上培養出的一大素質是**靈巧**。

從邦的角度講，為了邦的安全，必須學會用巧妙的策略與其它邦周旋。

從個人角度講，若想長期與大家協調一致，必須掌握一套與人交往的技巧。

此外，這一階段人類的生活簡直如同一潭死水：一代又一代的人住在同樣的地方，過著同樣的生活，幹著同樣的工作，久而久之，就將人們各種相應的技能磨練得越來越熟、越來越巧。

特別值得一提的是，這時最重要的產業是手工業。手工業是最需要技巧、也最能培養技巧的一種產業。

★人類在這一階段所表現出的性格特徵與AB血型者類似。能見正比古先生並沒有提出與AB血型者相應的生存環境，但我認為是「城堡」，城指的是城墻，堡指的是村堡，由此我們可以將人類在這一階段所表現的性格稱為**城堡性格**。這是我們探究AB血型性格特徵的一個角度。

AB血型可謂是A血型與B血型的調和體。A血型性格與B血型性格是截然對立的兩種性格，A血型者與B血型者的關係若處理得好，他們能夠相互補充；如果處理不好，則會水火不容。而AB血型則是將A血型與B血型調和成了一體：在AB血型者的性格中，既有偏向於A血型性格的一面，又有偏向於B血型性格的一面，AB血型性格可謂是典型的「雙重性格」。這是我們探究AB血型性格特徵的又一個角度。

下面，我們就從這兩個角度著眼，大體勾勒一下AB血型性格的輪廓。

一、在安全——護衛系統形成階段，人類生活的世界可謂是壁壘重重。不但城與城之間有城墻相對，村與村之間有村堡相峙，而且走進每一座城、每一個村你會發現，仍是城中有城、堡中有堡：等級與等級之間，行業與行業之間，門派與門派之間，家族與家族之間以至個人與個人之間都是以鄰為壑，防意如城。由此確定了ＡＢ血型性格的一個方面：不易相信人，防範意識強。

另一方面，由於長期與大家生活在同一座城市、同一個村莊，總之生活在一起，ＡＢ血型又很注重與大家協調好關係，不愛與人爭鬥，不愛與人較勁，不愛做出格的事。ＡＢ血型性格的另一個方面就是：注重與他人保持協調，善於處理人際關係。

二、在公共事務方面，ＡＢ血型者講求合理性和公正性：遵紀守法，盡職盡責，維護社會秩序和公衆利益。這是ＡＢ血型者偏向於Ａ血型性格的一面。

而在個人生活方面，ＡＢ血型者則偏向於Ｂ血型性格，喜歡隨意、散漫、自由自在、無拘無束的生活。而且，ＡＢ血型者有著廣泛的個人興趣，有著許多以技巧為特徵的個人特長。

三、防範意識強，講求公正性和合理性，表明ＡＢ血型者是原則性很強的人。只要不觸犯他的原則，ＡＢ血型者還是溫和、友善、樂於助人的。但是，誰若不幸觸犯了他的原則，ＡＢ血型者則會冷面相對，冷語相加，如不理睬人、不給人好臉色以及諷刺人、挖苦人等等。

除了將人類在這一階段所表現的性格稱為城堡性格外，我們還可稱為少年性格，因為這一階段正相當於人類的少年階段。

第四階段 尊重——爭強系統形成階段

這個階段又可分為兩個階段：爭強階段和尊重階段（實際上，以上三個階段也都可以分成類似的兩個階段）。

我們不妨在此就先指出，貫穿這一階段的基本特徵是競爭：在爭強階段是惡性競爭，即不公平的、相剝相奪的競爭；在尊重階段是良性競爭，即公平的、互惠互利的競爭。

我們接著上一階段進行敘述。人們在城堡中尋求著安全，同時也在城堡中積蓄著力量，當積蓄到一定程度時，人們便開始大膽地走出城堡，對外界進行挑戰了。

一方面走出的是有形的城堡，如與其它邦的人交戰、交流，到大自然中探險、採掘，到其它地區旅遊、經商等；一方面走出的是無形的城堡，個人不再拘束自己與別人協調一致，開始追求自己的目標和利益、展示自己的觀點及個性等。

競爭在各個層次、各個領域之間展開：在城邦與城邦之間，在家族與家族之間，在個人與個人之間，在民族與民族之間，在種族與種族之間，在地區與地區之間，在信仰與信仰之間，在思想與思想之間，在理論與理論之間，在發明與發明之間，在工藝與工藝之間，在黨派與黨派之間，在階級與階級之間，在企業與企業之間，在商業與商業之間……都展開了愈來愈激烈的競爭。

既然進行競爭，就要贏得競爭；若想贏得競爭，就要擁有力量，因而，凡是有助於增強自身力量的東西，都成了人們競相追逐的目標，如土地、人口、礦產、河流、森林、港口、科學、技術、發明、發現、知識、理論、武器、彈藥、金錢、地位、權力、名譽、友誼及聯盟等等。

說到力量，說到聯盟，使我們想起一句老話：聯合起來力量大。在這樣的情勢下，一個孤弱的邦已很難生存，擺在它面前的途徑有兩條：一是與若干個關係密切的邦聯結成更大的集團——國家；一是被強大的邦征服，由作為征服者的邦以自己為核心，將被它征服的若干個邦合併為國家。因此，這一階段最有意義的事情應該是國家的出現，人們的利益單位也隨著上升成了國家。

由前一種方式產生的國家往往是聯邦制或共和制國家，由後一種方式產生的國家往往是君主制或集權制國家。

此外，在那些沒有競爭或不參與競爭的地區，城邦是自然而然地遞變成了國家，這些國家在很大程度上還保留著城邦的性質。

隨著國家的產生，也出現了國家層次上的競爭，甚至還出現了更高層次上的競爭，即一些國家結成的聯盟與另一些國家結成的聯盟之間的競爭。

接下來我們談談前一分段的惡性競爭、後一分段的良性競爭以及由前一分段向後一分段的轉化。這一轉化的情形雖然複雜，但只須我簡單地勾勒幾句，大家就會明白，因為我們正處在這一轉化的過程中。

前一階段是個弱肉強食的時代，強者為了滿足自己的貪欲，為了炫耀自己的武力，為了增強自己的實力，大肆地對弱者進行侵犯、掠奪和奴役，譬如西方列強對亞非拉地區的殖民統治，譬如資本家對工人的殘酷剝削，譬如人類對大自然資源無節制的採掘等等。

這就引發了三個方面的反應，一方面弱者會奮起反抗強者，如亞非拉人民所進行的擺脫殖民統治、爭取獨立和解放的鬥爭，工人以怠工、罷工及破壞機器等方式反抗資本家剝削的鬥爭及大自然對人類的無情報復等；另一方面，昨天的強者會被今天新崛起的強者打壓下去，今天的強者轉眼又會被明天新崛起的強者打壓下去……這是一種惡性循環；再一方面，少有的幾個強者互不服氣，都想占據上風，便展開激烈的、甚至是殘酷的爭鬥，最典型的是兩次世界大戰，參戰各方都付出了極為慘重的代價，敗者固然可悲，但遍體鱗傷的勝者又有什麼可賀之處！

那麼，這一分段是如何向後一分段轉化的呢？首先，人類對自己所製造的災難的反思大大提高了人類的理性；其次，這是一個知識爆炸的時代，大量增加的知識使人類對自己、對世界的認識越來越全面，越來越深刻；再次，不同地區人類的廣泛接觸，增進了人類之間的相互瞭解和依賴。

在這樣的基礎上，人類開始商議如何處理好人類的共同事務，於是便有了以聯合國為代表的一系列國際性機構和以《聯合國憲章》為代表的一系列國際性法則的誕生。建立這些機構、簽訂這些法則的目的在於：避免人類之間的相互傷害，調解人類之間的相互衝突，加強人類之間的相互交流，促進人類社會的和平發展。

聯合國成立於二十世紀中頁，單就二十世紀上、下兩半個世紀的情形比較，在聯合國成立後的下半個世紀中，儘管仍有不服從聯合國約束的國家和地區存在，仍有違背聯合國憲章的事件以至戰爭發生，但世界畢竟已太平了許多。下半個世紀發生的戰爭，無論就其發生的頻率看，還是就其發生的規模看，都已較上半個世紀大為降低。當今世界的形勢，正如中國政府時常指出的那樣：和平與發展是當今世界的主題，但局部戰爭和地區衝突仍時有發生，霸權主義和強權政治仍很猖厥。

半個多世紀以來，世界各國總體上能做到和平共處，相互尊重，注重交流，加強合作。在這樣的外部背景下，世界許多國家所競爭的是誰更能搞好本國的經濟建設，改善本國的人民生活，增強本國的綜合實力，提高本國的國際地位。

以上應該說我們是在國與國關係的層次上闡述人類社會由惡性競爭向良性競爭的轉變。

讓我們提高一個層次。在人類與自然的關係方面，人類已越來越懂得保護自然環境，維護自然界生態平衡，合理開發和利用自然資源。由此，人類與自然的關係已由原來的以惡對惡轉向了相互尊重，相互保護，和睦相處，相濟相生。

讓我們降低一個層次。以前，幾乎所有國家的政體都是君主制或集權制，這是少數人統治大多數人的政體，統治者與被統治者持續處在相互敵對、相互鬥爭的惡性關係中。或是通過武裝鬥爭，或是通過政治改革，許多國家的政體都轉變成了民主制或共和制，人民群衆成了國家的主人，享受到了各方面的權益。每個人的權益都既受到他人的尊重，又受到法律的保護。在這樣的基礎上，人們既和睦相處，又積極競爭。

當然，我們還可以深入許多層次、涉入許多領域闡述這種轉化，但我們就此打住吧。

★這一階段的基本特徵，正如我們已說過的，是競爭。

★相應地，這一階段的生活，在人類身上培養出的一大素質是勇敢。

從相對安全的城堡中走出，跟外面廣闊的世界接觸，這是需要鼓足勇氣才能邁出的一步。

進入廣闊的世界，你只有勇於競爭，才能生存，才能取勝。競爭當然需要實力，但有實力而沒有勇氣，你也不會取勝，而且你的實力也會自然地消失或被別人奪走。

關於實力均等的情形，早有「兩強相遇勇者勝」一說，另外，勇敢的弱小者戰勝怯懦的強大者的事例也並不少見。

置身於現代社會中，幾乎我們每個人都深切地體會到：勇於競爭、勇於挑戰、勇於進取，往往是一個人、一個團隊乃至一個國家、一個民族取得進步、取得成功的重要因素。

★人類在這一階段所表現出的性格特徵與O血型者類似。

如果我們都用四個字來分別描述一下四種血型者的性格特徵，那麼大體是：

B血型者追求「無拘無束」；

A血型者追求「有章有序」；

AB血型者追求「協調一致」；

O血型者追求的則是「強者為尊」。

我們再來看看能見正比古先生對O血型性格特徵的解述。

O型的基本特性之一為自然性，即對生命本身的執著追求。以這一基本傾向為基礎，O型的種種性格特性就會在不同時期，以不同方式表現出來。

基於對生命的熱愛和對生活的執著追求，O型的日常活動往往具有以生活目的為優先目標的傾向，如生活熱情高漲、充滿生命活力，能冷靜、及時、準確地對與利害得失相關的事物作出靈活判斷，並隨之採取相應的行動等。

因此，O型給人以極為現實的印象。

此外，當O型一旦確定了某一現實目標後，O型就會以積極的行動去全力實現，表現出百折不撓的毅力。

O型還具有對力量對比較為重視和敏感的傾向，這或許也是對生命本身執著追求傾向的另一種表現。

O型從兒時起，就對自己與他人、與集體、與社會力量的強弱對比有自覺意識的傾向，並通過可見的性格加以體現。

如當O型屬於弱者時，O型往往會表現出謹慎、順從，希望得到強者保護的傾向，從而給人以老實、乖巧、聽話的印象。當O型自覺已成為強者時，就會突出自我主張，樂於自我表現，同時對弱者也會產生保護心理，體現出長者風度。如屬女性強者，還會帶有母愛的成分。

所謂力量對比，在現實生活中除了體力以外，還包括權勢、財富、知識、知名度等內容，我們暫且將其統稱為「權威」。但是，正因為O型對力量對比具有敏感的反應傾向，所以O型在努力獲取這種權威的同時，往往還表現出排斥他人濫用權威的傾向。所以在O型中，既有致力於追求權威者，也不乏否定權威、排斥權威的類型。

集團的力量也是力量對比中的重要因素。反映在O型上，就是O型較注意人際關係的處理和發展志同道合的小團體，或稱「小圈子」。但這裏所說的人際關係處理也具有一定「圈子」的界線，表現出圈內圈外區別對待，較難一視同仁的傾向。因此，O型既有交友結伴的傾向又有無意中樹敵的危險。前面曾提到，O型對政治較為關心，這與O型對集團力量的重視有關。

另外，以生活目的為優先目標這一傾向，在O型的思考方法和情感方面也都有所表現。一般來說，O型的思考方法多呈直線型，即往往具有只顧及目的本身，而不顧及其他的傾向。對職業、職務或所關注的事物，O型往往思考得較為深入、徹底，但對其他問題則往往表現出較為粗略、馬虎的傾向，從而給人以單純的感覺。而這一特性也往往成為他人樂於和O型打交道的一個因素。

此外，O型還具有情感不很持久的傾向，儘管O型也會有痛苦或悲哀、失意或不快，但往往不需太久，O型就會將它置之腦後，重新振作起來。這一特性也成為O型較易相處的一個原因⑧。

適於O血型者施展的場所應是國家，國家為每個人提供了競爭的平臺，每個人既可在國家內與他人進行競爭，又可為自己國家與其國家進行競爭而貢獻才智，因而可以將這一階段人類所表現出的性格稱為**國家性格**，也可以稱為**競爭性格**；此外還可稱為**青年性格**，因為這一階段正相當於人類的**青年階段**。

第五階段 自主——享受系統形成階段

從以上我們介紹的四個階段可以看出，人類社會的進程呈現出逐漸匯聚的趨勢——由零匯整、由小聚大的趨勢：個人匯聚成了家族，家族匯聚成了城邦，城邦匯聚成了國家。

在接下來的這個階段，國家又匯聚成了世界──人類世界形成一個統一的整體，從而完成人類精神的形成過程，人類從此步入成熟。

我要說的是，這一趨勢是由人類內在的精神生命所主導的；如果沒有人類的精神生命，不但不會有人類社會的這一趨勢，就連人類的出現都不可能。

精神有一種非常突出的特性──我想稱它為「聚合性」──一種既能聚集到一塊，又能統合為一體的特性。我們知道，地球精神就是在形成為一個整體後才開始萌動起來，從而有了人類的產生。人類精神的形成過程作為地球精神之形成過程的重演，勢必也呈現出統一為一個整體的趨勢。

這一趨勢已經在上述的四個階段呈現出來，但最終將在我們正在解述的這一階段得以完成。這一階段大體也可分為兩個分段；「享受──享納接受階段」和「自主──自我形成階段」，這裏的「自我」指的是人類自我。

享納接受的主體當然也是人類，而人類所要享納接受的是什麼東西呢？我想，不外乎兩個方面的東西，一是人類認識和掌握自然的成果；一是人類認識和掌握自己的成果。這二者實際上是一種東西，人即精神，正如德國哲學家謝林所指出的：精神是不可見的自然，自然是可見的精神。我們將這兩方面的成果合稱為文明成果。一方面，每一地區的人類要充分吸收本地區人類所取得的一切文明成果，另一方面，由於每一地區人類所取得的文明成果都是不完善的，因而每一地區的人類必須要與其它地區的人類相互接觸、相互溝通、相互學習，以充分吸收其它地區人類的文明成果。這就是人類在「享納接受分段」所應做的事情。

接下來發生的事情非常重要，也非常複雜，我將盡力解述，但感覺很難解述清楚，希望大家盡力調動自己的知識和思維配合理解。

在充分吸收人類全部文明成果的基礎上，人類精神機體中的第五個系統逐漸形成了。第五系統是個具有整合性的系統：對內部，它要整合它和在它以前形成的四個系統，以共同構成完整的人類精神機體，使人類的精神生命得以成熟；對外部，它要整合地球世界，使地球萬物構成一個有機的整體。

在這個過程中，存在於人類精神機體中的地球精神起到了決定性的作用。放開來說，地球精神在人類精神生命的整個生長過程中都起著決定性的作用：它啟動了人類精神生命的萌生，它推動了人類精神生命的成長，最終它又將促成人類精神生命的成熟。關於最後一點，人類精神生命的成熟有賴於它的第五系統的形成，第五系統的形成則有賴於充分吸收人類所創造的文明成果，而人類所創造的文明成果不外乎人類認識和掌握自己、認識和掌握自然兩方面的成果。這二者都與地球精神有關：人類對自己的認識和掌握，就是對存在於自身內部的地球精神的認識和掌握，因為它是人之為人的樞機；人類對自然的認識和掌握，也是對地球精神的認識和掌握，因為前面我們說過，地球精神乃地球萬物之精神的總和。人類吸收的文明成果越充分，就越能與存於自身內部的地球精神接近、共振以至契合，從而使地球精神轉化為人類精神，使人類自我得以形成。

但這並不是一個自然的、機械的過程，還需要人類經常進行一項非常重要的工作：反思。反思的過程就是消化的過程、整合的過程、統一的過程。在以往四個階段，由於人類所創造的文明成果還很有限，即便進行反思的話，也不能使人類形成人類精神或人類自我，但反思總有助於人類智慧的提高；到自我——享受階段，人類所創造的文明成果已足夠豐富，但如果不進行反思，不進行認真的、深入的、充分的反思，人類就會淹沒於自己所創造的異常繁雜的文明成果中，特別是沈溺於對物質文明成果的享受中不能自拔，遑論人類精神或人類自我的形成。

單就知識而言，我們經常驕傲地宣稱，如今是個知識大爆炸的時代，但我們卻很少意識到，它同時也是個智慧大萎縮的時代。知識是對世界個別性的認識，智慧則是對世界整體性的認識，知識如果不能上升為智慧、統一為智慧，那麼知識愈是增多，人類就愈是感到惶惑和無能。知識增多的後果如此，其它文明成果增多的後果也是如此。

平常時候，人類總是盲目地瞎幹，直到瞎幹釀成了災難，人類才不得不靜下心來進行反思。就拿美國來說，朝鮮戰爭使美國進行了一番反思，越南戰爭使美國進行了一番反思，「九一一事件」又使美國進行了一番反思，但這些反思都沒能使美國充分地認清自己、擺正自己，現在我們所看到的美國仍是一個極力推行霸權主義和單邊主義的美國。我們不知道美國還要在這條錯誤的道路上走多遠，難道還要再經歷一次或幾次更為劇烈的碰撞，才能將山姆大叔的腦袋瓜徹底擊醒！

人類不能總在災難中成長，那樣人類為成長付出的代價未免太高，特別是有些災難，如核擴散、艾滋病、軍備競賽、生態破壞、毒品買賣、恐怖主義及享樂主義等等，如果任其膨脹的話，有可能將整個人類世界都毀滅掉。

人類應該自發地靜下心來，經常地、認真地、深入地進行反思。只有通過反思，存在於人類機體內部的地球精神才會澄明起來，幫助人類認清自己、認清世界；只有通過反思，才能由存在於人類機體內部的地球精神將人類所吸收的文明成果統一起來，使人類智慧不斷提高；特別是，只有通過反思，存在於人類機體內部的地球精神才能轉化為人類精神。只有當不同地區、不同種族的人類，共同擁有人類精神，他們才能真正地相互溝通、相互理解、相互融合，才能共同創造出一個統一的、和諧的、美好的人類世界，那就是孔子所追求的大同世界、柏拉圖所嚮往的理想國、馬克思所憧憬的共產主義社會。

到那時，人類的利益單位也就上升為了世界：人類共有一個家園——地球世界；人類共有一個心靈——人類精神。

人類愈往上走，就愈接近自己！

這就是人類在自主——享受階段的自主分段所應做的事情：通過充分的反思，由存在於人類機體內部的地球精神將人類所創造並吸收的文明成果整合起來，使得地球精神轉化為人類精神，並由人類精神將人類世界統一為一個整體。

雖然自主——享受階段的自主分段還未到來，但它的種種跡像已在我們這個時代越來越明顯地呈現出來：在自主分段所實現的事情，應該就是今天我們所努力的目標。

★這一階段的基本特徵是統一。

當然，在各個部分統一為一個整體的同時，並不妨礙各個部分繼續保持各自的特色。

★這一階段在人類身上培養出的一大素質是融合。

融合既是一種素質，又是一種能力。「融合」二字可以分開解釋：「融」即融匯，

「合」即整合。每個地區的人類都應充分的吸收其它地區人類的優秀的、先進的文明成果，即全人類的優秀的、先進的文明成果，並整合進自己的生命系統中。哪個地區的人類更善於這樣做，哪個地區的人類就更優秀、更先進，也即更成熟、更智慧。

今後的世界，將不再是靠武力稱霸的世界，而是靠智慧稱雄的世界：哪個民族更有智慧，哪個民族就更能贏得世界！

★人類在這一階段所表現出的行為特徵與哪種血型者類似呢？這是生理學上不存在的一種血型，我將它稱為「第五血型」，簡稱為「W血型」。

這種血型者的特性是整合性、統一性及主宰性，暫時我們只做這樣簡單地概括，以後我們還要對其進行專門的研究。適於W血型者活動的場所應是世界，因而可以將這一階段人類所表現出的性格稱為**世界性格**；此外還可稱為**成人性格**，因為這一階段正相當於人類的**成人階段**。

在即將結束這一節內容時，我想簡單談一談上面所涉及到的一個問題。在我以上的敘述中，大家可以看出，我認為國家的出現是在人類歷史的較晚時期發生的事情。而諸多歷史書告訴我們，國家早在公元前一、二十世紀就在某些地區，特別是幾個文明古國所在的地區出現了。但我認為，那些「國家」並不是真正意義上的國家。因為：

一、那些「國家」的統治權都分別掌握在某個家族或一幫貴族手中，而真正意義上的國家則是由其全體成員共同來管理的。

二、拋開中央政府機構的設置是否合理、運轉是否靈活不論，單是沒有現代化的交通設施和通訊設施，中央政府就很難對各個地方進行及時而有效的管理，各個地方的大權實際上掌握在地方長官及地方勢力手中，的確屬於一種「天高皇帝遠」的狀況。

三、特別重要的是，那些「國家」的絕大多數成員終生都不會離開他們出生的地方，只有生他們、養他們的家鄉才是實實在在的，而「國家」對於他們來說，只不過是個抽像的概念而已。

縱觀當今整個世界的發展狀況，我們看到，有些地區的人類已步入世界階段與國家階段的交匯期，有些地區的人類正處於國家階段，有些地區的人類正處於城邦階段，有些地區的人類正處於家族階段，而極少數地區的的人類還處於個人階段——個別地方還存在著少量的野人。

這一方面的情況也向我們表明，整個人類世界的發展狀況是極不均衡的，要將人類世界建設成大同世界、理想國或共產主義社會，人類還有很長很長的路要走。

當然，以上所闡述的只是我個人關於國家的看法，是否正確，還有待商榷。

三 個體精神生命的成熟過程
（或：個體精神、個體自我的形成過程）

人類精神形成過程是地球精神形成過程的重演，個體精神形成過程又是人類精神形成過程的重演，同時也是地球精神形成過程的重演，特別是在目前人類精神還未完全形成的情況，它重演地球精神形成過程的成份會更重一些。

但是，沒有人類整體的成熟，也就不會有人類個體的真正成熟；現在我們所看到的、或親身體驗到的個體成熟，都只是相對意義上的成熟。

真正成熟的人類是未來的人類，真正成熟的個人是未來的個人。

個體精神生命的成熟過程也分知識——信息系統形成階段、關愛——親合系統形成階段、安全——護衛系統形成階段、尊重——爭強系統形成階段和自主——享受系統形成階段這五個階段。

下面我們就將這一過程五個階段的基本情況簡述一下（其間參用了美國心理學家馬斯洛和埃裏克森的某些觀點）

知識——信息系統形成階段（〇——五歲，即嬰幼階段）

這一階段分為兩個分段：「信息分段」和「知識分段」。

在「信息分段」，主體要盡可能多地接收信息（當然，絕不是無節制地多），嬰幼兒要多看、多聽、多嗅、多摸及多嘗：一方面，多種多樣、豐富多彩的信息會將主體的各種器官、特別是感覺器官激活，使它們開始正常地、充分地運轉；另一方面，信息及知識是我們的「精神食糧」，與「知識——信息系統」相對應的生理器官——脾和胃又被稱為「倉廩之官」，因而主體又好像是在為他即將開始的、漫長的生命旅程準備下盡可能充足的「物資」。

主體在這一階段的這一特定需要必須盡可能充分地給予滿足。如果將一個嬰幼兒封閉起來，讓他少接觸甚至不接觸外界的信息，那麼就有可能使他成為白痴，至少也會造成他的弱智；過了這一特定階段，即便再給他補償數倍多的信息，也將於事難補，乃至於事無補。現在的小孩之所以比我們小時候聰明，關鍵就在於他們現在所接收的信息比我們小時候所接收的多。

開始的時候，嬰幼兒所掌握的信息是紛雜散亂的，慢慢地，他們能將關於一種種事物的各種信息組合成關於這一種種事物的認識結果——這就是他們所掌握的關於這一種種事物的知識，並以印象的方式儲存在他們的大腦中。譬如，他們將關於媽媽的身影、聲音、氣味及其它方面的信息組合成關於媽媽的認識結果，這樣他們的腦中就有了關於媽媽的印像，以後，無論他們看到媽媽的身影也好，聽到媽媽的聲音也好，聞到媽媽的氣味也好，還是接收到關於媽媽的其它信息也好，都會立刻喚起他們腦中關於媽媽的印像……這就是進入「知識分段」在主體身上發生的事情。在這一分段，主體也應多多地形成知識、多多地認識事物。

如果主體在知識——信息階段所接收的信息足夠多、掌握的知識足夠多，那麼他的知識——信息系統就會順利地形成，在他身上便會培養出與該系統相應的一種素質——包容（或「寬容」）的素質和一種能力——收貯的能力。

如果主體接收的信息太少、掌握的知識太少，那麼他的知識——信息系統便不會順利形成，並且會在他身上造成一種不足缺陷——慳吝；如果主體接收的信息太多、掌握的知識太多，也會有損他的知識——信息系統的形成，並會在他身上造成一種過足缺陷——揮霍。

如何理解這一對「過足缺陷」和「不足缺陷」呢？就拿嬰幼兒「愛吃」這一特點來

說，如果嬰幼兒接觸過的食品太少，那麼他會對他所得到的食品看得太重，捨不得付出，甚至捨不得享用──這就是「慳吝」；如果他接觸過的食品太多，那麼他會對他所得到的食品不加珍惜，隨便丟棄──這就是「揮霍」。對於食品如此，對於所接受的其它事物也是如此。

當這一階段臨近結束時，主體會遇到一場危機：是繼續全身心地進行收貯，還是分出一部分身心對所收貯的東西進行清點。如果能克服好這一危機，主體便能順利地進入下一成長階段；如果克服不好，主體便會遲遲延滯於此一成長階段。

本來我想在本節內容結束時引述馬斯洛的兩個觀點，但我覺得提前在此引述更有助於大家認識和理解本節內容（當然，對這兩個觀點，我根據本書的需要進行了適當的調改）：

一、主體在某一特定成長階段產生出的某種特定需要，並不會隨著這一成長階段的結束而消失，而是一直存在於主體身上，直到主體的生命終止。但除非這一需要的滿足產生了嚴重危機，否則它不會再成為「特定需要」。

二、主體在某一特定成長階段產生出的某種特定需要若能得到充分的滿足，以後他會更能忍受這種需要的不能正常滿足。

茲引述馬斯洛的一段原話，以供大家參考：

在生活中基本需要一直得到滿足，特別是在早年得到滿足的人似乎發展了一種經受這些需要在目前或將來遭到挫折的罕有的力量，這完全是由於他們具有作為基本滿足的結果的堅固健康的性格結構⑨。

關愛——親合系統形成階段（六——十歲，即兒童階段）

這一階段分為「親合分段」和「關愛分段」兩個分段，處在「親合分段」的兒童，只滿足於處在家人中、處在所屬的機構（如幼兒園、學校等）中；而到了「關愛分段」，他們則需要父母及老師給予他們以特別的關心、呵護及疼愛。

如果他們的這類需要得不到滿足或得不到充分的滿足，情況會怎樣呢？恰好在我開始寫這一小節的前幾天，《參考消息》上登了一篇名為《別讓分離傷害幼小心靈》的文章，我現將其中一部分內容引示給大家：

如果您的孩子在與親近的人分離時，產生極度恐懼、焦慮，甚至擔心自己親近的人會永遠消失不見時，請提高警惕，這可能是兒童分離焦慮症所致。

何謂分離焦慮症，又會對孩子造成哪些心理方面的障礙呢？

分離焦慮症是指當自己依賴的親人要分離時，哪怕只是一下子離開視線而已，也會出現不現實的、持續性的擔心，生怕依賴、粘附的對象會出事情，不見了或擔心自己被拋棄等不良的心理反應。此症易發於年幼的兒童身上，而且會持續到小學階段，如果沒有好好加以輔導、治療，病情很可能還會持續到初中、高中，甚至長大後還會有社會適應障礙或人格發展異常的問題出現。

導致分離焦慮症的原因，可能與父母長期爭吵、搬新家、家中有人去世或父母、親人過度溺愛、過度苛求、不瞭解孩子的個性等有關。

…………

如果主體在這一階段所產生的關愛——親合需要能得到充分的滿足，那麼他的關愛——親合系統便能順利地形成，並在他身上培養出與該系統相應的一種素質——清楚的素質和一種能力——分辨的能力。如果他的這一需要被滿足得過分，將有損他的這一系統的形成，並在他身上造成一種過足缺陷——偏執；如果他的這一需要被滿足得不夠，將有礙他的這一系統的形成，並在他身上造成一種不足缺陷——胡塗。

「清楚」這個詞雖然不大規範，但最具基本性，可以向著多個方面演化。它的本義指頭腦清楚，可以演化成思路清晰、觀察細緻及將來的分析能力強等優點。「偏執」是指分得太清、太執著於分等；「胡塗」當然指的是頭腦胡塗、不善分辨了。

兒童的思維方式是地地道道的「二歧式」：Ａ就是Ａ，Ｂ就是Ｂ，二者不能混淆。兒童與兒童在一起時，他們會強調你的東西就是你的，我的東西就是我的，彼此不能摻和、亂套；如果進行交換的話，也要交換得絕對公平、絕對明白、絕對合算，因而他們的交易往往難以達成。恰恰是由關愛——親合需要的滿足而帶來的分辨能力使得兒童之間難以相互親合、相互關愛。「水至清則無魚，人至察則無徒」，這句古語用在兒童身上倒非常合適。

我們再從一個有趣的方面來闡述一下兒童的這一特點。與關愛——親合系統相對應的生理系統是由肺—大腸—鼻—皮膚組合成的系統，我們就從該系統的鼻子說起。若論鼻子靈，那得首推狗了。狗能根據氣味分辨出不同的人、不同的物品，可見狗的嗅覺能力是很強的。但狗與狗之間卻難以相容，見了面不是相互狂吠，就是相互撕咬，只能各自追隨各自的主人生活。這樣說可能不太恰當：兒童的性情倒與狗頗為相似。

但隨著年齡的增大，主體將越來越遠離家人，越來越融入社會：從小學到中學，從中學到大學，從大學到社會。如果主體一味地堅持分，那麼他將難以融入社會，難以與他人共處。因而，當這一階段即將結束的時候，擺在主體面前的一大危機就是：是繼續執著於分，還是學會變通——既善於分辨，又善於與他人相融？

在這個轉折點上，主體面臨著能不能破執的問題。這一問題如果解決得好，主體就能順利地升入下一成長階段；如果解決不好，則會遲遲延滯於此一成長階段。

安全——護衛系統形成階段（十一——十五歲，即少年階段）

進入這個階段，主體就在相當程度上離開家庭，進入外部世界。他會受到來自多方面的威脅：有來自同學的，有來自社會上壞人的，有來自危險地形、危險設施的，甚至還有來自家人和老師的。如何保護好自己，成了他所面臨的最大問題。

開始的時候，他總是請求成人給予幫助，如父母、老師、警察以及其它他們信得過的成人。但來自成人的幫助往往是不及時的：成人們不能老是跟在他身邊，他只有在將要遇到危險甚至危險已經發生時才能得到成人的幫助。於是，他將尋求保護的目光投注到每天在一起上學、在一起玩耍的同伴身上。

這就是少年們通常採取的保護自己的辦法；幾個人結成一個小聯盟（勢力強的會拉起這樣一個聯盟，勢力弱的會投靠這樣一個聯盟），一方面，這種做法有了少年的新特點，即打破了彼此間的區別、彼此間的界限，團結到一起，相互提供保護；另一方面又沿襲了童年時形成的特點，即只對聯盟內的人敞開心扉，肝膽相照，而對聯盟外的人仍是壁壘分明，保持界限。我們經常會看到幾個少年結成的一幫對抗另幾個少年結成的一幫，或幾個少年結成的一幫共同欺負另一個少年的場面。

一個少年會在不同的環境、不同的關係中分別從屬於幾個不同的聯盟：在學校裏的同學中，他從屬於一個聯盟；在住宅周圍的小夥伴中，他從屬於一個聯盟；在兄弟姐妹（親、堂、表）中，他又從屬於一個聯盟……他還將自己的家看作一個聯盟：在家人面前，他會非常活躍，無話不說，而對外人則少言寡語，非常冷漠。

在幾類未成年人（嬰幼兒、兒童、少年及青年）中，少年的幫派色彩是最嚴重的：首先，男生與女生、或男孩與女孩會形成兩大陣營；其次，在兩大陣營內又分別形成若干個小幫派，真可謂「黨外有黨，黨內有派」。

話又說回來，雖然在同齡人中有了不止一個聯盟，少年的安全仍在很大程度上依賴於成人的保護。

此外，少年還通過遵守父母的要求、學校的紀律、公共場所的規章以至國家的法律來使自己獲得安全；假如他們違反了這些「規矩」，他們便會受到一定程度的處罰，從而損害他們已獲得的安全。

總起來說，比起要小性的兒童、求個性的青年人來說，少年還是較為温和、較易管教的。

在這一階段上，主體的安全——護衛需要若能得到充分的滿足，他的安全——護衛系統就能順利地形成，從而在他身上培養出與該系統相應的一種素質——靈活的素質和一種能力——**協調**的能力。如果他的這一需要被滿足得不夠，他的這一系統便不能順利地形成，並在他身上造成一種不足缺陷——**惶恐**；如果他的這一需要被滿足得過分，也會有損他已形成的這一系統，並在他身上造成一種過足缺陷——**疏忽**。

關於「靈巧」的素質，我只想說一句：安定的狀態、安全的環境，總是有利於人們培養出多方面的技巧。

少年由於自身力量的孤弱，所以才要加入小夥伴們的聯盟、遵從各方面的規矩，來使自己得到保護、得到安全。他必須與夥伴們協調一致，遵守各種盟約；必須與他人協調一致，遵從各方面的規矩，不然他就會失去他所需要的保護、他所需要的安全。但是，隨著年齡的增長、力量的增強，某些盟約、某些規矩成了桎梏他的枷鎖。是繼續與他人協調一致，遵守這些盟約和規矩，還是施展自己的力量、張揚自己的個性？這就是主體在安全——護衛階段將要結束時遇到的一大危機。如果能克服好這一危機，他就能順利地進入下一成長階段；如果克服不好，他就會遲遲延滯於此一成長階段上。

尊重——爭強系統形成階段（十六——二十歲，即青年階段）

這個階段也是青春發育期的關鍵階段，這不僅是從生理方面說的，也是從精神方面說的。

在生理方面，較少年而言，青年人的體力和精力都有了大幅的提高；在精神方面，他們的智力和能力有了長足的進步。

總之，他們的力量增強了。力量的增強帶來了觀念的變化，他們不但認為自己已足以保護自己，不再需要同伴的共同保護，反而有了與同伴比試的欲望。他們在學習方面比，在體育方面比，在藝術方面比，在對種種事物的觀點方面比，此外還在相貌身材、著裝打扮、討好老師及吸引異性等方面比。

如果比勝了，他們就興奮、得意甚至驕傲；如果比輸了，他們就沮喪、焦灼甚至嫉恨。

凡是能用來增強自己力量的東西，如能力、知識、體力、技巧、方法、觀點、科技新產品、同學的羨慕，老師的表揚及學校的表彰等等，都成了他們競相追逐的目標。他們盡可能多地攫取這些東西，以求壓過同伴。

這就是爭強。開始的時候，青年人只為爭強而爭強，屬於鬥氣、逞能或出風頭。隨著年齡的增長，他們越來越看重爭強的結果，即能否帶來或增強別人對自己的尊重。如果一種爭強行為能為自己帶來這樣的結果，他們就去做；如果不能，他們就放棄。

他們認識到：

一、並不是所有的爭強行為都是有益的，有的爭強行為幼稚、低俗、荒唐可笑，如果去做的話，不但不會帶來或增強別人對自己的尊重，反而會使自己遭到別人的嘲笑、挖苦和鄙視。

二、自己身上有值得尊重的地方，別人身上也有值得尊重的地方；自己需要尊重，別人也需要尊重；自己若想得到別人的尊重，自己就應該尊重別人——尊重是互相的。

三、雖然自己有了一定的力量，但還不足以使自己創造出輝煌驕人的成就，還不足以使自己成為衆人敬慕的人物。要想達到這樣的目標，自己還需要積蓄更多的力量，付出長期的努力。

關於最後一點，特別應該提到的是：在青年人中，興起了崇拜名人的熱潮。這也與他們注重力量、注重施展力量產生的結果有關。他們有的崇拜大政治家，有的崇拜大科學家，有的崇拜大文學家，有的崇拜大企業家，還有的崇拜演藝界、體育界的大明星。受自己偶像的影響，他們立志將來自己也要成為自己偶像那樣的人物，並時時沈浸到自己已成為那樣人物的幻想當中。

言歸正傳，進入尊重——爭強系統形成階段，主體產生的特定需要就是「尊重——爭強」的需要。如果他的這一需要能得到充分的滿足，他的尊重——爭強系統就能順利地形成，在他身上就能培養出與該系統相應的一種素質——**勇敢**的素質和一種能力——**決斷**的能力。如果他的這一需要被滿足得過分，就會有損他的這一系統的形成，並在他身上造成一種過足缺陷——**驕傲**；如果他的這一需要被滿足得不夠，就會有礙他的這一系統的形成，並在他身上造成一種不足缺陷——**自卑**。

到了這一階段的末期，主體就會遇到這類的問題：若要爭強的話，必須有別的人與自己爭，或是有別的人激著自己爭，也就是說，自己的爭強行為是在別人的影響下進行的；尊重固然可貴，但尊重來自於別人，如果自己一味地追求尊重，自己的行為就必然要受別人的支配；包括自己這時立下的志向，不過是對自己偶像的模仿，但這樣的志向真的適合自己嗎？

如果沒有別人支配自己，沒有別人影響自己，沒有別人為自己做出選擇，自己就不能做什麼了嗎？

這就是主體到這時遇到的一大危機：究竟是由別人支配自己的行為、決定自己的選擇，還是由自己來支配自己的行為、決定自己的選擇？

如果他能克服好這一危機，他就能順利地進入下一成長階段；如果克服不好，他就會遲遲延滯於此一成長階段。

這一小節就這樣結束了，但我感覺還有很多問題沒有談到。處在尊重——爭強階段的青年人，他們身上產生的變化是非常迅速、豐富而複雜的，我以「力量的增強」為切入點進行論述，雖然遠不能窮盡這些變化，但我認為是抓住了問題的關鍵，起碼是抓住了一大要點。對此，我再補述以下幾點：

一、迅速增強的力量彷彿要從青年人身上洋溢出來似的，我們看到，他們即便在不與同伴比試的情況下，也時不時地掄掄拳、踢踢腿、蹦蹦高或亮亮嗓等。

二、迅速增強的力量很容易使他們產生盲目的自信，簡直認為自己無所不能，能幹好很多的事，能幹成很大的事，因而他們往往會與家長的要求、別人的規勸、學校的紀律以至社會的法規產生衝突，認為這些東西太僵化、太瑣屑、太約束自己。

三、他們身上的力量增強了，但他們身上駕馭這些力量的自我卻還未形成、心智還未成熟，就像一個駕馭技術還很不純熟的騎手騎上了一匹性情暴烈的駿馬一樣，難免會橫衝直撞，摔跤碰壁。

青春是美好的，但青春也是痛苦的。

自主——享受系統形成階段（約二十一——二十五歲，即成人階段）

主體在青年階段的心理是很矛盾的：一方面，他太在意別人，在意別人對自己的看法，唯恐別人瞧不起自己；另一方面，他又太無視別人，行動起來往往個人主義化，而不顧對別人的影響。

隨著心智的發育，包括在經受了一些挫折以後，他開始將衡量自己的目光由別人身上轉到自己身上，一個問題開始越來越頻繁地扣擊他的心扉：我是一個什麼樣的人？這是一個需要他、也值得他思考好幾年的問題。正是這個問題，將他帶入了自主——享受系統形成階段。他不再像青年時期那樣輕狂易動，而是經常獨自一人沈入內省當中。

正是在這樣的內省當中，他開始審視和接受二十多年的成長歷程在他身上所形成的諸多東西，他開始審視和接受他賴以生存的環境所帶給他的諸多東西，他開始審視和接受他作為人類中的一員所被賦予的諸多東西。

這就是「享受分段」在主體身上發生的事情。享納接受以後就要進行整合，而整合的結果就是自我的形成。

正如存在於人類身上的地球精神在人類自我的形成過程中起著決定性的作用一樣，在個體自我的形成過程中也起著同樣的作用。

地球精神存在於人類身上，具體地存在於人類每個成員的身上。當我們向外追逐的時候，我們身上的地球精神便隱遁起來；當我們向內返顧的時候，我們身上的地球精神才彰顯出來。

在以往的成長階段上，主體即便進行內省的話，也不可能讓他內部的地球精神彰顯出來，因為他的精神生命才只有四個或四個以下的系統，而地球精神則是擁有五個系統的精神生命，這二者是不可能達到共振的。在這樣的情況下進行內省，至多只能讓地球精神隱隱約約地發揮作用。

只有當主體進入第五個成長階段，即自主——享受系統形成階段，只有當主體接受的東西足夠多（這些東西就是組成第五個系統的材料），只有當主體進行的內省足夠深，主體內部的地球精神才開始彰顯出來。此後相當一段時間內，主體的內省持續進行、陸續加深，他內部的地球精神才逐漸以自己為核心，將他所接受的諸多東西整合為一個有機的整體，他的第五個精神系統才告形成，他的精神生命才告成熟，他的自我才告產生。

每個人內部的地球精神都是一樣的，但由於每個人所接受的東西——他出生的時間、他出生的地點、他的家庭情況、他的受教育情況、他所屬地區的風俗、他所屬時代的風尚、他所屬群體的價值標準以及他所屬國家的社會制度等等等等，都與別人不盡相同，因而每個人的自我都與別人不一樣，而是各有各的特點。只有極少數的人能主動地進行內省，大多數人都是在一種外在壓力的迫使下進行內省，這種壓力就是責任。世界各地的風俗人情儘管各不一樣，卻都把二十歲以上的人當作成人（當然，在許多地區，特別是熱帶地區，是把成人年齡定為十七、八歲，十五、六歲，甚至更低，還有一些地區只把這幾檔年齡以上的男人——女人除外——當作成人看待）。不只民間流行的風俗人情是這樣看待，政府制定的法規和國家制定的法律也是如此。所謂成人，就是要對自己的事情負責的人。一個人一旦要對自己的事情負責，那麼一般來說，他每做一件事情時都會前思後想。一次次前思後想的過程，也就是在一定程度上一次次進行內省的過程，因而也會在一定程度上形成他的自我。

但是，通過主動內省而形成的自我與通過被迫內省而形成的自我是不一樣的，這就如同主動做功課和被迫做功課的學生之間的差別：前者的自我是明確而堅定的，而後者的自我則是模糊而軟弱的；前者的自我可以說是建立起來的，而後者的自我可以說是湊合起來的；前者，不論其在現實生活中的實際成就如何，單就其做人所達到的水準而言，我們借用孔子的分法⑩，可以將之視為「上人」，而將後者視為「中人」。

此外還有「下人」（仍單就其做人所達到的水準而言）。下人的情況大體有兩種：一種人，由於先天存在嚴重的精神缺陷或在後天成長的過程中造成了嚴重的精神缺陷⑪，使他們長大後成了不懂得負責任或不能夠負責任的人——這種人的特點是「浪蕩」⑫；另一種人，由於既沒有受過多少教育、沒有多少知識，也沒有到過多少地方、沒有多少閱歷，他們一般是終生蝸居在一個狹小的天地裏從事體力勞動，使他們的心智沒能得到開發——這種人的特點是「愚昧」。

這兩種人都是不可能形成自我的人。說到此，我們不妨對形成自我的條件進行一個小小的總結：

第一個條件：要達到相應的成長階段，即自主——享受階段；

第二個條件：接受的東西足夠多，既包括書本知識，也包括生活閱歷；

第三個條件：進行的內省足夠深。

此外，還有第四個條件；通過內省形成的自我還要與現實生活磨合，在現實生活中錘煉，然後才能確定。

我們既然是在研究人的成長過程，那麼就應該從比較標準的角度進行研究，即從「上人」的角度進行研究。

如果主體的前四個系統發育得比較正常，而進入自主——享受系統形成階段後接受了足夠多的東西，那麼他會在內外兩種力量的促使下進行內省。

我們先說外在的力量，進入自主——享受系統形成階段，主體作為一個長大的人，被家庭、學校、單位、社會、國家乃至世界等方面賦予了種種角色、種種責任（這些也應當列入他所「接受的東西」內），出於承擔好這種種角色、種種責任的願望，他會靜下心來好好思考他所面對的種種情況，好好思考他自身的種種情況——對自己的思考（從一定程度上說）就是內省。

我們再說內部的力量。這個階段是主體的第五個、也即最後一個精神系統形成的階段，因而也是主體的整個生命系統形成的階段。而主體內部的地球精神是已形成的精神生命系統，主體的精神生命系統越是趨於形成，就越是能與他內部的地球精神產生共鳴，並為之所吸引，希望與之接觸以至融合。

就像登山。主體在爬過了很長的山路後，終於看到了頂峰，「乃瞻衡宇，載欣載奔」⑬，主體為之所吸引，忘記了一身的疲憊，加快腳步，希望趕緊登上頂峰，與頂峰融合。

再打一個不很恰當、但很形象的比喻：就像調收音機，當他調近某個頻道時，他隱隱約約地聽到了這個頻道的聲音，他為之所吸引，便慢慢地、小心地繼續調撥旋鈕，調到最佳位置上，並摒去周圍的一切噪音，屏氣凝神地聆聽。

內省，從其根本意義上來說，就是省視我們內部的地球精神。通過內省，我們與它接近、與它面對、與它融合，它便以它自己為核心，將我們身上的一切整合為一個統一的、有機的整體——這便是我們的個體精神、個體自我；而在這個過程中，地球精神也便逐漸地轉化成了我們的個體精神、個體自我。

地球精神乃是整個的地球世界，我們享有了它，也就享有了整個地球世界。我們成了這個世界的主宰，這個世界就是我們自己，我們成了我們自己的主宰，我們要主宰好這個世界的事情，我們要主宰好我們自己的事情：從整體意義上講，是所有形成自我的人類成員共同主宰好地球世界的事情；從個體意義上講，是每個形成自我的人類成員主宰好自己的事情。到這時，個人就由原先外部賦予他責任、要求他主宰好自己的事情，轉化成了他自己要求主宰好自己的事情——這就是自主的需要。

而且，個人通過內省形成的自我，必須通過現實生活中他的自主需要得到充分的滿足，必須通過他在現實生活中逐步鍛煉著能夠主宰好自己的事情，才能真正確定。沒有經過現實生活歷練的自我，只能是抽象的自我。

在自主——享受系統形成階段，主體的自主——享受需要若能得到充分的滿足，他的這一系統便能順利地形成，並在他身上培養出與該系統相應的一種能力——自主的能力和一種素質——融合的素質。如果他的這一需要被滿足得過分，就會有損他這一系統的形成，並在他身上造成一種過足缺陷——霸道；如果他的這一需要被滿足得不夠，就會有礙他這一系統的形成，並在他身上造成一種不足缺陷——奴性。

綜上所述，一個人若能順利的度過五個成長階段，他的精神生命就能順利地成熟，他就能順利地獲得一個健康的自我，順利的獲得寬容、認真、自律、勇敢和融合五種素質，也可以說是五種品質，它們共同構成一個健康自我的道德系統；順利的獲得收貯、分辨、協調、決斷和自主五種能力，它們共同構成一個健康自我的智能系統。

四

尊敬的讀者朋友，我親愛的同類，你們看，為了介紹我們心臟所主的精神系統，我們縱古論今、扯天談地地說了這麼多，在本章所描述的「人類精神的形成過程」和「個體精神的形成過程」前面，還應連接上第一章所描述的「地球精神的形成過程」。

這就是我們心靈的容量，這就是我們心靈的歷程。我們心靈的容量，就是地球世界的容量；我們心靈的歷程，就是地球世界的歷程。

我們就是地球世界！我們並不多麼偉大，與浩瀚無際的宇宙相比，我們只不過是滄海一粟，因而我們人類不能狂妄自大，自封為宇宙的主宰；我們又不多麼渺小，與渾渾噩噩的動物相比，我們非常地博大精深，因而我們人類又不能妄自菲薄，自命為一粒微塵。

我們依賴地球精神而獲得了我們的精神生命。地球精神不但賦予我們生命，還把它的信息、它的能量乃至它的一切都賦予我們。在品享這些東西之前，我們先解決上面關於「個體自我形成過程」一節中所涉及到的若干問題，這也算是對我們「自我」的一種負責吧。

問題一　比較肯定的是，一個人從出生到成熟的過程分為五個階段。一直以來，我們就習慣於大體分為嬰幼、兒童、少年、青年和成人五個階段。大家注意到了，在以上的敘述中，我將這種習慣分法與我的分法進行了一一對應，並從本書的角度出發，對主體在這五個階段分別產生的特定需要以及由此衍生的心理特征、行為特徵等進行了描述。首先，我的分法、我的描述是否正確，還有待商討和驗證；其次，即便正確的話，所作的描述也非常的粗糙、浮淺和片面，還有待細化、深化和完善。

無論如何，這個問題非常非常地重要，我們必須花大力氣解決好，因為它直接牽涉到我們如何成長好、成熟好的問題，牽涉到我們如何教育好、培養好孩子的問題。

問題二　我採用了「五×五」的格式，即認為五個階段中，每個階段大概要持續五年左右。但事實是否一定如此呢?我看不一定。對於有的人，可能是「五×四」的格式，譬如對那些早熟的人而言；對於有的人，則可能是「五×六」或「五×七」的格式，譬如對那些大器晚成的人而言。

而且，五個階段並不一定平均都是四年、五年、六年或七年：主體如果在某個階段成長得比較順利，他可能會少用個年把半載；如果在某個階段成長得不太順利，他可能會多用一、兩年。

「五×五」只是個大體的格式而已，我們不要太受它的拘束。

問題三　我們說，主體在每個成長階段，即每個精神系統的形成階段所產生的特定需要得到充分的滿足，他的每個系統才能順利地形成，他才能順利地度過每個成長階段，獲得成熟的、健全的精神生命。

然而，有些人（雖然為數極少，但確實存在）的成長條件不但不好，在有的階段還非常惡劣，但他們每個精神系統的狀況都很正常，他們整個精神生命的狀況也很健全。

對這種人，我們只能用「天賦優格」進行解釋，即他們天生賦有非常健全的精神生命，他們不大受我們上面所介紹的成長模式的局限，後天不好的甚至惡劣的成長條件很難在他們的精神機體上造成缺陷、造成創傷，只是他們的每個精神系統會隨著他們進入每個成長階段而次第進入良好的運轉狀態，最終他們的整個精神生命都進入良好的運轉狀態。他們人格高尚、智慧超群、才華橫溢、活力充沛，我們付出十二萬分努力都得不到的東西，上天卻一下子都賦予了他們——他們真是上帝的寵兒！

問題四　還有的人，他們在某個系統形成階段上，在尋求相應的某種特定需要的滿足方面受到了嚴重挫折，這種挫折不但沒有阻礙他們的這一系統的形成，反而卻促進了他們的這一系統的形成。

這種現象仍與地球精神有關。當主體向外界尋求某種能量的勢頭遭到外部的阻礙乃至打擊後，他的這種勢頭並沒有消失，而是折向了他的身體內部，使他觸到了他體內的地球精神，並從地球精神中獲得了這種能量。從體內的地球精神中獲得的這種能量比從外部世界中獲得的這種能量更為精良，所以更能促進他的相應系統的形成。

所說的「某個階段」，只能是自主——享受系統形成階段，因為只有具備了五個系統的個體精神生命才能與具備五個系統的地球精神生命接觸、共振乃至融合，才能從中獲得所需的能量。

地球精神是一個完整的生命系統，同時也是一個完整的能量系統，其中蘊藏著我們所需的各種能量。如果我們在我們的成長過程中，在某個或某幾個成長階段，由於沒有得到充分的某種或某幾種精神能量，使得我們的某個或某幾個精神系統沒能順利形成，而造成了某種或某幾種精神缺陷乃至精神疾病，那麼我們可以在進入成人階段以後，通過與我們內部的地球精神接觸、共振乃至融合，使我們的精神缺陷得以矯正、精神疾病得以治愈，使我們獲得正常的、健康的精神生命⑭。但是，有一個前提：所造成的精神缺陷或精神疾病並不特別嚴重，沒有妨礙我們精神生命的最終形成，或者沒有導致形成後的崩潰。

我們知道，有些人在現實生活中遭到重大打擊後，便避開人群，躲起來靜思、靜養，或乾脆遁入空門，參禪修道。靜思、靜養的過程，在一定程度上就是內省的過程，因而在一定程度上就能接觸到內心的地球精神，從中獲得所需的能量、所需的營養，使自己恢復活力，恢復健康。而所參的禪、所修的道，乃至所拜的佛、上帝及真主等，指的都是我們內心中的地球精神，只不過數千年來，它被宗教家們、玄學家們神秘化或偶像化了。

本書的一大宗旨就是揭去籠罩在地球精神上的神秘面紗，讓大家看到它的真實面目。以往我們聽慣了像「佛祖在你心中」、「上帝在你心中」以及「真主在你心中」之類的宗教說辭，今天我們要說的是：地球精神在我們每個人的心中。

人類之弊，就在於只恣意於向外求索，而不知向內求索。實際上，外部世界擁有為我們生存所必不可缺的物質財富，而內部世界擁有同樣為我們生存所必不可缺的精神財富。

揭示地球精神，並不是件多麼困難的事，然而，包括筆者在內的我們所有人要想省視到它、體悟到它，達到與它融合的境界，卻是件非常困難的事情，是件需要下深功夫才能做到的事情。

但是，我們必須做到這一點，因為只有這樣，我們才能真正成為一個人！

問題五 列舉了這些特例以後，是不是就動搖了我們上節所揭示的「成長模式」呢？既然是「特例」，也就為數很少，我們絕大多數人的成長過程還是依循這一成長模式或成長規律。

在每一系統形成階段所產生的特定需要如果滿足得不夠或過分，都會有礙或有損這一系統的順利形成，造成一種「不足缺陷」或一種「過足缺陷」。「過猶不足」，用在這裏倒很合適，即一對「過足缺陷」和「不足缺陷」之間可以相互轉化。如第一階段可能產生的過足缺陷——揮霍和不足缺陷——慳吝可以相互轉化；第二階段的過足缺陷——偏執和不足缺陷——胡塗可以相互轉化；第三階段的過足缺陷——疏忽和不足缺陷——惶恐可以相互轉化；第四階段的過足缺陷——驕傲和不足缺陷——自卑可以相互轉化；第五階段的過足缺陷——霸道和不足缺陷——奴性也可以相互轉化。

在有的人身上，一對「過足缺陷」和「不足缺陷」可以交互出現。如一個官員，在上司面前很奴性，在下屬面前則很霸道；再如一個男人，在外人面前很奴性，在老婆孩子面前則很霸道。無論霸道，還是奴性，總之這個官員或這個男人不正常。

社會猶如一座建築，一個正常的人猶如一塊規整的磚，他會在其中占據他應有的位置和空間，並與其它「磚」和諧相處；一個不正常的人，猶如一塊不規整的磚，他要麼會在其中占據他不應有的位置和空間，要麼不能占據他應有的位置和空間，因而不能與其它「磚」和諧相處，易於發生衝突。不規整的磚多了，就會危及這座建築的穩固。

問題六　正常人當然是標準人；次一級的是有精神缺陷或有脾氣的人；再次一級的是患有精神變態或神經症的人；最次一級的是患有精神病的人。

正常人指的是其整個精神機體（包括各個系統、各個器官）的情況都很正常、功能能夠正常發揮的人。

有精神缺陷或有脾氣的人，指的是其精神機體中個別系統或個別器官有一定問題，但其功能還能基本上正常發揮，因而整個精神機體的功能至少還能基本上正常發揮的人。

患有精神變態或神經症的人，是其精神機體中的某個系統或某個器官（有的人是兩個乃至兩個以上的系統或器官）發生了疾病：如果主體遇上了與該系統或該器官相關的事情或情境，該系統或該器官的疾病就會發作，並使得整個精神機體的功能不能正常發揮；如果主體沒有遇上此類事件或情境，則整個精神機體的功能還能正常發揮。

精神病人，指的是由於其精神機體中個別系統或個別器官的疾病惡化，導致其整個精神機體的功能不能正常發揮，其精神生命暫時性甚至永久性崩潰。

關於精神病人的情況，我們不妨再參照一下生理病人的情況：心病、肝病、肺病、腎病或者脾（胃）病如果惡化的話，會導致主體整個生理機體的功能不能正常發揮，並暫時性甚至永久性地奪去主體的生理生命。

問題七 接下來，我提一個非常嚴峻的問題，供我們大家一起思考：

如果說，一個人在他的各個成長階段上所得到的各種能量都不充分，使得他的各個精神系統都沒能順利形成，而留下了各種精神缺陷，那麼，如果一個人在他的各個成長階段上，不但沒能得到各種「正能量」，反而得到了各種「負能量：在他的嬰幼階段，他得到的不是知識，而是被閉塞；在他的兒童階段，他得到的不是關愛，而是被冷落；在他的少年階段，他得到的不是安全，而是被威脅；在他的青年階段，他得到的不是尊重，而是被侮辱；在他的成人階段，他得到的不是自主，而是被奴役——那麼，他會是一個什麼樣的人呢？

問題八　我不知做這樣的提示是否多餘：人的精神生命就像一粒種子，你給予它足夠的各種能量，如空氣、陽光、水及肥料等等，到了一定的階段，它便顯示出它的樣子。並不是能量決定了它是這種樣子，而是能量的充入使它顯示出它的樣子。最形象的比喻應該是如一只氣球，你給它充足了氣，它便顯示出它的形狀。

我們人的精神生命也是如此。如果存在天命的話，我想這就是我們的天命。大家看，我們人的精神生命的樣子還是蠻好的，造物主並沒有作弄我們，重要的是我們自己別作弄自己。

五

現在，就讓我們來品享一下由自我的形成而獲得的成果。成果當然很多，我們只能將其中最豐碩的幾個打開看看。

其中的味道，能夠描述出來的非常有限，只有親口嘗嘗，才能充分領略。

成果一　對地球萬物的普愛之心。一個形成自我的人，會像愛惜自己一樣愛惜地球萬物，因為他自己就是地球世界，地球世界就是他自己；對地球萬物的損害，就是對他自己的損害。

地球萬物多得不勝枚舉，但按「五行學說」的分法，只有五類：屬於土行的空氣、屬於金行的土地、屬於水行的水、屬於木行的植物和屬於火行的動物。

說到這裏，大家就很容易聯想到了現在盛行的「環保主義」。我想，「環保主義」的提出，是人類在其自我開始形成之際所獲得的一種意識，或所達到的一種境界。

成果二　產生各種能量的能力。以上我們談的應該是一個形成自我的人與自然的關係，現在我們談他與他人的關係。

關於此，我在前一稿中曾提出「充滿——洋溢」的觀點，即認為自我是一個有五層空間的容器，當它被各種能量充滿以後，各種能量便會從它身上洋溢出來，滋潤到別的人身上。

現在看來，這一觀點是膚淺的。

一個形成自我的人，是一個享有地球精神的人，而地球精神是一個完整的能量系統，其中蘊藏著豐富的各種能量，就像一眼取之不盡的甘泉，各種能量從中源源不斷地涌現出來，經由主體傳送給其它的人。

我不知道大家是否有過這樣的體驗：跟一個優秀的人在一起，你會從他身上得到知識（乃至智慧）、得到關愛、得到安全、得到尊重及得到信任。他不但把這些能量給予了你，還給予了其它許許多多的人。

你可能會驚詫：他的身上怎麼會擁有這麼多的智慧、這麼多的活力、這麼多的溫暖和這麼多的愛？

只因為他是一個擁有成熟自我的人。

成果三 與他人、與萬物融通的能力。一個形成自我的人，是一個享有地球精神的人，他能夠與其它形成自我、享有地球精神的人相互溝通、相互融合，而能夠如此的的基礎就是地球精神。

地球精神先天地潛存在人們身上，當人們成長到一定程度，它便顯現出來，為人們所享有，並成為人們之間相互溝通、相互融合的基礎。而人們後天所形成的東西，如宗教、語言、文化、風俗和人情以及家庭、地位、學歷、專業、職業、特長、脾氣、愛好、人生閱歷及社會關係等等，不但都不能做到這一點，反而往往成為人們之間的壁壘。如果只有這些東西，人類之間將永遠不能相互溝通、相互融合，人類的歷史最終將被證明是一場悲劇。

如果你抱你的佛（如果我不抱你的佛，你就當我為異類），我拜我的主（如果你不拜我的主，我就視你為陌路），那麼人類之間的相互溝通、相互融合如何實現？大同世界、理想國或共產主義社會如何建成？實際上，你抱的佛、我拜的主，都是一種東西，即存在於我們所有人類成員內部的地球精神。覺悟到這一點，我們人類就擁有了相互溝通、相互融合的深厚基礎，人類社會的未來就展現出一派值得我們努力去實現的光明前景。

一個形成自我的人不但能與其它已形成自我的人相互溝通、相互融合，還能與處在各個成長階段上的人相互溝通、相互融合，因為他是從各個成長階段上經歷過來的，各個成長階段上的東西都已包含在他的自我之內；特別是，他已享有了地球精神，地球精神顯在地在他身上發揮作用，而只是潛在地在處於其它成長階段上的人們身上發揮作用，所以他能洞察他們、感應他們。我們看到，一個成熟的人不僅能與其它成熟的人融洽相處，也能與青年、少年、兒童以至嬰幼兒融洽相處。

一個形成自我的人，是一個享有地球精神的人。我們不妨把謝林的那句話引申得具體一點：地球精神是精神化了的地球世界，地球世界則是自然化了的地球精神。因而，一個形成自我的人，能夠與地球世界相互溝通、相互融合，不但能夠與整體的地球世界如此，也能夠與具體的地球萬物如此，他能與屬於火行的飛禽走獸如此，能與屬於木行的花草樹木如此，能與屬於水行的江河湖泊如此，能與屬於金行的高山平原如此，還能與屬於土行的空氣、大氣層如此，他與他們是相濟相生的關係，在最高程度上能達到一體化的關係。

而沒有形成自我的人們或不成熟的人們，與地球世界之間是相互對立、相互剝奪的關係。人類在成長的過程中，通過對地球資源的濫採濫伐建立起自己的文明；當這種濫採濫伐嚴重到一定程度，會引起地球世界的強烈報復，這種報復會破壞、甚至會毀滅人類所創建的文明。當人類成長到一定程度上，人類會意識到，對地球世界的破壞就是對自己的損害，因為人類與地球世界是一體的，從而人類會像愛惜自己一樣地愛惜地球世界、地球萬物，與地球世界、地球萬物建立起良好的、和諧的、一體的關係。

地球萬物之間是無法相互溝通、相互融合的，因為它們都不享有地球精神，是絕對蒙昧的。

而沒有形成自我的人，只是先天地賦有地球精神，地球精神在他們身上只是潛在地發揮作用，所以他們之間難以相互溝通、相互融合；即便能夠相互溝通、相互融合，那也只是淺層次上的、或表面意義上的。不但處於不同成長階段、不同層次上的人們之間是如此，即便處於同一成長階段、同一層次上的人們之間也是如此。

成熟的人與成熟的人之間每每息息相通，而不成熟的人與不成熟的人之間往往格格不入。

成果四　珍視生命的意識。本來我沒有想到這一點，但最近我在報紙上看到的一篇文章中說，中國現在每年有幾十萬人自殺，其中以兩種人為主：一種是城市青少年，另一種是農村年輕婦女。

這兩種人都是沒有形成自我的人，都沒有覺悟到生命的價值。如本書所言，人的生命是地球幾十億年進化的結晶，其中凝聚著地球世界的全部精華——這樣的生命是何等地富有價值，怎麼就輕易捨棄了呢？

反觀那些形成自我的人，我記得有兩句話說得好，大意是：翻車之下無孔子，覆舟之中無××。「××」是誰我記不清了，具體的原文我也記不清了，但其大意是，像孔子這樣形成自我、或在做人方面達到相當高境界的人，能夠充分意識到生命的價值，因而非常地珍視生命，不會做冒險的事情，不會去危險的地方。另據《莊子．人間世》記述，當顏回向孔子提出要到衛國去輔政時，孔子勸阻他說：衛國國君是個驕橫暴虐、喜怒無常的人，你去了不會有好結果，你不要做這種無謂的犧牲。

形成自我的人，珍惜自己的生命，但絕不貪生怕死。為了偉大的目標，為了崇高的事業，他們會義無反顧地獻出自己的生命，使自己的生命最充分地體現出它的價值。

成果五　主宰自己的能力。現在又回到本章的主題，因為本章所闡示的就是自主——享受系統的情況。

該系統的組成形式是心—小腸—舌—脈。關於心臟或心臟所主系統的精神功能，中醫學有很多的闡述，我翻閱了手頭的好幾本中醫學書籍，感覺以北京中醫學院編寫的《內經釋義》中的兩段話闡述得較為集中、明曉，不妨引述如下，以饗諸位：

> 心為「君主之官」而主神明。
>
> 「君主」有主宰、領導的含義，「神明」是指精神意識思維活動以及這些活動所反映的聰明智慧而言。這是古人體會到心是人的生命活動的主宰，在臟腑中居於首要地位。五臟六腑必須在心的統一領導下進行活動，才能取得相互協調，共同維持正常的生命活動；而精神意識思維活動以及聰明智慧的產生，也都與心有著密切的關係。所以《內經》特別強調心功能的重要意義，如《素問・靈蘭秘典論》說：「心者，君主之官也，神明出焉。故主明則下安，主不明，則十二官危」。

五臟六腑在心功能正常的情況下，進行統一協調的生理活動，才能精神飽滿，身體健康；如果心發生了病變，其它臟腑的活動也就要受到影響，病情重者可出現神志失常，甚至危及生命。所以《靈樞・邪客篇》說：「心者，五臟六腑之大主也，精神之所舍也；其臟堅固，邪弗能容也；容之則心傷，心傷則神去，神去則死矣。」

由此可見心在五臟六腑中所處的重要地位⑮。

作了這樣的引述以後，我們再結合我在本章開頭所打的那個比喻：心臟相當於中央政府首腦，它下轄四個分別以肝、肺、腎、脾四臟為主的部門；小腸相當於省政府首腦，它下轄四個分別以膽、大腸、膀胱、胃四腑為主的部門；舌相當於地級政府的首腦，它下轄四個分別以目、鼻、耳、口為主的部門；脈相當於縣政府的首腦，它下轄四個分別以筋、皮膚、骨、肌肉為主的部門。心—小腸—舌—脈組成主控系統，肝—膽—目—筋、肺—大腸—鼻—皮膚、腎—膀胱—耳—骨和脾—胃—口—肌肉分別組成四個特定的系統。所有系統以主控系統為核心——核心中的核心是心臟——組成我們的生命系統，維持著我們生命的正常存在，發揮著我們生命的正常功能，進行著我們生命的正常活動。

一個國家的政府系統代表著一個國家，一個國家有一個國家的國格，有一個國家的主權，有一個國家的獨立性；同樣，一個人的生命系統代表著一個人，一個人有一個人的人格，有一個人的主權，有一個人的獨立性。所謂人格、主權或獨立性，包含的方面非常廣泛，但最基本的一個方面是：一個人的事務只能由其自己主宰，不容外人指手劃腳，亂加干涉。

以上我們是從形式上說的，而內容又是怎樣的呢？相當於說，機構設置好了，人員安排好了，但這個人或這些人能否勝任這個或這些機構的工作呢？

一個人能否主宰好他自己的事務呢？

自我的形成回答了這個問題。一個人的自我的形成，一方面，意味著這個人從他出生到他的自我形成的過程中在他身上所形成的一切都被整合進了他的生命系統中、或他的自我中，並為他的自我所掌握；另一方面，意味著一直潛在於他身上的地球精神已顯現出來，也為他的自我所掌握。這樣，他就有了相應的智慧、能力、行為方式及道德標準等，使他能夠主宰好自己的事務。

在一個人成長過程的各個階段，伴隨著各個系統的形成而形成的各種能力和各種品質，最終隨著自我的形成也相應地形成了一個智能系統和一個道德系統，並為自我所掌握。當然，本書對此所作的闡示還是很膚淺的，還須再做深入而細緻的研究。

主宰自己的事務——「自己」是個什麼概念呢？在第一個層次上，「自己」指個人——他自己；在第二個層次上，「自己」指家庭或家族——他所屬的家庭或家族；在第三個層次上，「自己」指他所屬的城邦或地區；在第四個層次上，「自己」指他所屬的國家或民族；在第五個層次上，「自己」指他所屬的地球世界。因而，主宰自己的事務，在第一層次上指他主宰自己的事務；在第二層次上，指他與他所屬家庭或家族中其它已形成自我的人員共同主宰他們家庭或家族的事務；在第三層次上，指他與他所屬城邦或地區中其它已形成自我的人員共同主宰他們城邦或地區的事務；在第四層次上，指他與他所屬國家或民族中其它已形成自我的人員共同主宰他們國家或民族的事務；在第五層次上，指他與地球世界中其它已形成自我的人員共同主宰地球世界的事務。層次越是上升，「有己」與「無己」、或「自私」與「無私」之間的界限就越淡弱，直至最終消弭。

「自我主宰」與「服從命令」並不相悖：一份職業、或一項事業是我選擇的，我就接受它對我的安排——這也是一種自我主宰。

人的精神生命是個系統，其中的各個子系統、各個器官雖然發揮著不同的功能，卻都服從一個共同的主宰，如此維持著精神生命的正常存在；如果每個子系統、每個器官都自行其事，這個精神生命非崩潰不可。

一個國家的政府也是個系統，其中的各個部門、各個職員雖然承擔著不同的職責，卻都服從一個共同的主宰⑯，如此維持著一個政府的正常存在；如果每個部門、每個職員都自行其事，這個政府非垮臺不可。

一個社會是個系統，其中的各個單位、各個成員雖然扮演著不同的角色，卻都服從一個共同的主宰，如此維持著這個社會的正常存在；如果每個單位、每個成員都自行其事，這個社會非亂套不可。

已形成自我的人，能夠自我約束；而沒有形成自我的人，則需要由外在的法規或他人對其進行約束。

最後，關於個人意義上的自我主宰，我特別強調的一點是：能夠自我主宰，意味著能夠自我控制、自我調整。

成果六　創造的能力。由精神生命系統的形成過程，我們基本上可以尋索出系統形成的軌跡或方式，即：幾個相互關聯的部分，以其中最重要的一個部分或一個共同的目標為核心，聚合成一個整體，這個整體就是系統。

我們的生命是個系統，它是我們身上的各個器官、各個系統以心臟或心臟所主系統為核心聚合成的一個整體。各個器官、各個系統之所以相互關聯，是因為它們同屬於一個機體。

歐盟是個系統，它是若干個歐洲國家以一個共同的目標——歐洲的統一、歐洲的和平、歐洲的發展或歐洲的強大為核心聚合成的一個整體。這些國家之所以相互關聯，是因為它們同屬於歐洲。

整體大幹部分之和。用五個手指一個一個地去擊一個物體，很難把它擊倒；將五個手指聚攏成一個整體——拳頭，就很容易把它擊倒了。發力的還是這五個手指，只是攥成拳頭前是分別發力，而攥成拳頭後是共同發力。

系統較組成系統的各個部分而言，在性質、功能及力量等方面，都有了質的飛躍。這種質的飛躍既為系統所享有，也為組成系統的各個部分所享有：組成系統後的各個部分，比起組成系統前，在性質、功能及力量等方面都有了質的飛躍。

《三國演義》中的劉備原先是一個織席販履的小生意人，關羽是一個命案在身的逃犯⑰，張飛是一個屠夫，而諸葛亮是一個村夫，他們以一個共同的目標——維護漢朝政權，或光復漢朝政權——為核心並具體以劉備為核心，組成了一個政治系統或軍事系統，創建了蜀漢政權。劉備因而成了統帥或皇帝，關羽成了將軍或漢亭侯，張飛成了將軍或西鄉侯，而諸葛亮則成了軍師或丞相。

系統較之組成它的各個部分而言，是一種新的東西。當然，系統在形成以後，也把它的新意賦予了組成它的各個部分。系統能否形成，關鍵看幾個相互關聯的部分能不能找到一個能將它們聚合為一體的核心。這個核心必須是精神性的，因為物質只具有聚集到一塊的性質，而精神則既具有聚集到一塊的性質、又具有融合為一體的性質，合稱聚合性。

將若干個歐洲國家聚合成歐盟系統的共同目標是精神性的，將劉、關、張和諸葛亮聚合成一個系統的共同目標也是精神性的（而具體的核心——劉備身上則最突出地代表了這種精神；當然，劉備也具有相應的人格魅力——人格魅力也是精神性的）。

組成一台電腦的若干個物質器件（即硬件），如果不是由軟件將它們聚合為一個整體、一個系統，它們只是一堆聚集到一塊的物質器件而已——而軟件也是精神性的。

我們常說大自然中有這樣的系統、有那樣的系統，其實，大自然本身並不存在任何一個系統。大自然中的這樣那樣的系統，都是人的認識能力、創造能力賦予的——而人的認識能力、創造能力都是精神性的。

那麼，聚合性的源頭在哪裏呢？就在人的精神生命中，而人的精神生命是地球精神賦予的，因而源頭就在地球精神中。

地球精神本身就是一個完整的系統，而且是地球世界中唯一的一個系統。地球精神將它的系統性賦予了人類，又由人類賦予了各種事物。

地球精神先天地存在於人的身上。當一個人出生以後，地球精神一直潛存在他的身上，並一直在他生命成長的過程中潛在地發揮著作用，並使這一過程呈現出聚合為一個整體、一個系統的軌跡。當這個人成長到一定程度，他身上的地球精神便顯現出來，將他身上所形成的各種東西聚合為一個整體、一個系統，這就是他的精神生命，這就是他的自我；自我在產生出來的同時，便享有了地球精神。

自我享有了地球精神，便享有了將一組組相互關聯的事物聚合為一個系統的能力，每一個新系統的產生，都是一種新事物的產生，而使新事物產生的能力，就是創造的能力。

單就組合成一個新系統的各個部分、或構成一種新事物的各個因素而言，它們本身並沒什麼改變，改變了的只是組合它們的方式。幾張木板，你可以用這樣的組合方式將它們做成一張桌子，也可以用那樣的組合方式將它們做成一個櫃子——木板還是木板，只是組合它們的方式變了。

電腦再升級，手機再換代，組合它們的東西沒變，只是組合的方式變了。從被組合的東西的角度看，太陽底下確實沒有新東西；但就組合的方式的角度看，太陽底下卻時時有新東西產生。

但是，新的組合必須是有意義的、有價值的組合，如此才稱得上創造；否則，就只是瞎鼓搗而已。

下面，我也省點勁，將幾位名人關於創造的論述組合成本節最後的論述——

假如一個作家能從二十個到五十個，以至從幾百個小店鋪老闆、官吏、工人中每個人的身上，把它們最有代表性的階級特點、習慣、嗜好、姿勢、信仰和談吐等等抽取出來，再把它們綜合在一個小店鋪老闆、官吏、工人身上，那麼這個作家就能用這種手法創造出「典型」來——而這才是藝術。

——高爾基《談談我怎樣學習寫作》

所寫的事跡，大抵有一點見過或聽到過的緣由，但決不全用這事實，只是採取一端，加以改造，或生發開去，到足以幾乎完全發表我的意思為止。人物的模特兒也一樣，沒有專用過一個人，往往嘴在浙江，臉在北京，衣服在山西，是一個拼湊起來的角色。

——魯迅《我怎麼做起小說來》

這恰恰是最偉大的藝術家所做的事情，他們能把不協調的、不一致的、彼此牴觸的各種顏色和形式，納入一幅畫的統一體中。這也是最偉大的理論家所做的事情，他們能把迷惑人的、不一致的事實放在一起，從而使我們看出他們實際上是在一起。對於偉大的國務活動家、偉大的治療學家、偉大的哲學家、偉大的父母以及偉大的發明家來說，也同樣如此。他們全都是綜合者，都能夠把分離的、甚至對立的東西納入一個統一體中。

我們在這裏談的是整合能力，是在人的內部反複整合的能力，是把他在世界上正在做的一切整合起來的能力。創造性在一定程度上能依靠人的內部整合能力了，那它就成為建設性的、綜合性的、統一的、整合的創造性了。

——馬斯洛《存在心理學探索》⑱

形成自我者的成果，也可以說成是形成自我者的能力、形成自我者的意識及形成自我者的特點，這方面的東西還有很多，我們就不一一論述了。馬斯洛曾列舉出自我實現者或豐滿的人的許多特點，其中有不少也適用於形成自我者，大家不妨參閱一下他的有關論述。

六

如果要為本節擬個標題的話，那麼應該是：自我的難以形成及形成後的難以保持。

自我形成的成果是豐富的、甘美的，但享受到這些成果卻是非常困難的事情，因為，從人類誕生到現在的漫長過程中，自我形成都一直是難以達到的人生境界。

像馬斯洛所說的，創造能力是偉大的藝術家、偉大的理論家、偉大的治療學家、偉大的哲學家、偉大的父母及偉大的發明家——總之是偉大的人物——才有的能力。實際上，每個形成自我的人都有創造的能力，每個人都能形成自我，每個人都能成為偉大的人物。

但只有極少數的人形成了自我，而在這極少數的人當中，還有一部分人是「天賦優格」使然。

為什麼絕大多數人都沒形成自我呢？讓我們回顧一下個體自我的形成過程：

在嬰幼階段，要得到充分的知識——信息能量，知識——信息系統才能順利形成；

在兒童階段，要得到充分的關愛——親合能量，關愛——親合系統才能順利形成；在少年階段，要得到充分的安全——護衛能量，安全——護衛系統才能順利形成；在青年階段，要得到充分的尊重——爭強能量，尊重——爭強系統才能順利形成；在成人階段，要得到充分的自主——享受能量，自主——享受系統才能順利形成，從而精神生命系統才能順利形成，自我才能順利形成。

試問，誰曾享受過這麼良好的成長條件呢？我們中絕大多數人都不會做肯定的回答，首先我就沒這個福分。

我知道，有許多讀者朋友責怪我忽視了物質條件或經濟因素對精神生命的影響，實際上，我一刻也沒忘記這一點，就在寫這本書的過程中，我還一直經受著經濟因素的困擾，不然我會寫得更從容一些，寫得更到位一些，因而讓大家更滿意一些。

人的精神生命不能單獨存在，它必須以人的物質生命為載體；就連地球精神也不能單獨存在，也必須以地球物質為載體：精神的地球世界是寓於物質的地球世界中的。

按說，人的精神生命是人的物質生命的主宰，人的物質生命是人的精神生命的工具，但在相當長的人類歷史進程中，這二者一直是錯著位的。

再打個比喻吧，精神生命就如騎手，物質生命就如他的馬。按說馬應該載著騎手使之從事各種活動，但馬得吃飽了才能跑，而幼弱的騎手沒有能力在短時間內尋到充足的草料，讓馬吃飽了載著他跑。他只能一點一點地尋到草料，一點一點地餵給他的馬。馬總是處在吃不飽的狀態，不但跑不起來，反而隨時有倒下去的危險。所以，騎手只好不停地為了尋找草料而勞碌——他倒成了馬的僕役。

精神生命不得不為滿足物質生命的需要而不停地勞碌，致使它的需要得不到正常的滿足，它自己的機體得不到健康的發育，它自己的自我得不到順利的形成——這就是為中國先哲們一直慨嘆的「身為物役」、「心為形役」。

而那些富貴人家的子女們，雖然不用為吃穿發愁，但由於擁有過分充足的物質，他們往往養成了享受物質的習慣，膨脹了自己的物質欲望，陷於物質的享受中而難以自拔。這種情況，不但在過去屢見不鮮，在現在更是大量存在，它一而再、再而三地驗證了「過猶不及」這一真理。

大量的事實向我們表明，那些優秀的人們，大多出身於雖不富裕，但也不多麼貧窮，並且有良好家風的家庭。他們既不缺吃少穿，又沒有多餘的物質可供享受，並且受到了良好的家庭教育，還有條件得到一定程度的學校教育。所以他們的精神生命往往能較健康的成長，他們的自我往往能較順利的形成，他們中許多人都成了優秀人物乃至傑出人物。

健康的精神生命是良好的生命，它的自然表現往往是良好的表現，這可能就是善的根源；有缺陷的生命——既包括有過足缺陷的生命，也包括有不足缺陷的生命——是不良的生命，它的自然表現往往是不良的表現，這可能就是惡的根源。

形成自我的、健康的人一般是良好的人，他們只占極少數；沒有形成自我的、有缺陷的人一般是不良⑲的人，他們占絕大多數。這極少數的良人與絕大多數的不良人就組成了我們的社會。如果社會成員中良人占絕大多數、或占多數的話，那麼這個社會從總體上來說就是個良好的社會，在這樣的社會環境中，一個人的自我就較容易保持；而現實情況卻是社會成員中不良人占絕大多數，那麼這個社會就是個不良的社會，在這樣的社會環境中，一個人的自我就很難保持了。

因為，一個人的自我是由於在他的各個成長階段上，他的各種特定需要得到較充分的滿足、他的各個相應的系統較順利地形成的基礎上而形成的，但他的自我不是一旦形成就萬事大吉了，他的自我在不斷地從事各種活動的過程中，在不斷地消耗著各種能量，因而需要不斷地補充進各種能量：一個良好的社會會較及時地、較充分地為他補充他所需的各種能量；一個不良的社會卻不會。當然，一個良好的自我，或一個良好的精神生命系統，能在一定程度上抵禦各種能量的短缺，但短缺到相當嚴重的地步就抵禦不住了。如馬斯洛所說，假如一個人在某種較低層次的需要方面發生了嚴重危機，他會隨時從他已達到的高層次上跌落下來，集中全力尋求這種低層次需要的滿足。一個形成自我的人，應該說是居於第五層次、或最高層次上，當他從這一層次上跌落下來時，他就失去了他的自我：短暫的跌落，就是短暫的失去；長期的跌落，就是長期的失去；終生的跌落，就是終生的失去。

但這還不是最常見、最糟糕的情況！最常見、最糟糕的情況是，一個人不但不能從一個不良的社會中補充進他所需要的各種正能量，反而被這個社會灌輸進大量的各種負能量：他得到的不是新鮮的、正確的、真實的信息和知識，而是陳舊的、錯誤的、虛假的信息和知識；他得到的不是親合和關愛，而是冷落和排斥；他得到的不是護衛和安全，而是威脅和侵害；他得到的不是尊重，而是侮辱；他得到的不是自主，而是奴役。某種或某幾種能量的嚴重短缺，會造成相應的某個或某幾個系統的病變；假若某個或某幾個系統被灌輸進大量的負能量，則會迅速造成這個或這幾個系統的病變——一個或幾個系統的病變嚴重到一定程度，就會導致整個精神生命系統、整個自我的解體。

當然，我們可以放棄向外的求索，返歸內心，向我們內部的地球精神尋求我們所需的各種能量，但是，首先，沒有形成自我的人不能接觸到他們內部的地球精神：其次，形成自我的人中，有許多人還要為謀生而不停地勞碌，沒有時間與他們內部的地球精神接觸；再次，形成自我的人中，有些人雖然富裕，不需要為謀生而勞碌或太勞碌，但他們卻不珍惜自我、不保養自我，將時間都消耗在謀生之外的其它世俗活動上了。

形成自我的人本來就極少，而在這極少的人中，能夠有時間、有意識、有條件保養自我的人，就更是少之又少了。

還有一種特殊的人，他們為了躲避塵世的浸染和傷害，遁入空門，拜佛膜主，參禪修道，用這樣的方式形成自我或保持自我。但這種自我是靜止的自我、抽象的自我，而不是真正的自我；真正的自我應該是現實的自我、實踐的自我。當然，面對落後的時代或醜惡的社會，這也不失為一種精神意義上的生存之道。

占人類成員絕大多數的沒有形成自我的人，也並不是都絕對沒有自我，這絕大多數人中的大多數人共同擁有一個「大眾自我」；相應地，以上我們所說的自我應該準確地稱為「個體自我」。

大眾自我由宗教偶像、名人偶像、明星偶像、風俗人情、時代風尚、意識形態、社會制度、法律法規、家庭責任、地區利益及國家主義等成份組成；此外還有大眾傾向，雖然它已被包含在以上若干個成分中，但我還是要專門把它提出來：大多數人——或大多數人中的每個人在大多數時候——的行為都受大衆傾向的左右。

自我是人的主宰：個體自我是個人的主宰，大衆自我是大衆的主宰。

大衆自我有點像盧梭的「社會契約」：大家甘願放棄各自的自主權（實際上是沒有足夠的能力進行自主），甘願放棄各自的自由（實際上是沒有足夠的素質享受自由），共同訂立一個契約，大家都要遵守這個契約；或共同擁戴一個主宰，大家都要服從這個主宰。

但有兩小部分人不受大衆自我的約束。一部分人是形成個體自我的人，他們不受大衆自我的約束，這倒不是說他們完全與大衆自我對立：他們會將大衆自我中合理的成份整合進他們的個體自我中；而對於其中不合理的成份，他們會根據情況分別採取沈默、反對或革新的對待方式。他們還往往是大衆自我中的核心，是大衆社會中的領導者、改革者或創造者。

另外一小部分人，指的是年齡偏小的未成年人、精神病人、嚴重的神經症患者及犯罪分子等，需要由大衆自我給予強制性的管理。

大衆自我主宰著大衆的基本行為，也保護著大衆的基本利益，以維繫社會的基本存在。

精神生命應該是自主的，不需要有外在的主宰，但在絕大多數人的精神生命還不能成熟、自我還不能形成、還不能自我主宰的時代，必須要由大衆自我來進行主宰。大衆自我可以說是個體自我或人類自我的替代物。

儘管還有許多話題沒有談到，但本章還是要結束了。本章的主題就是自我，曾有許多人在許多文著中闡述過這個問題，也有許多人在許多時候思考過這個問題，這個問題不僅是思維領域、學術領域的核心問題，更是人類成長、人類生存的核心問題。

---

①《內經釋義》，北京中醫學院主編，上海人民出版社一九七二年十二月出版。

②而到了接下來的關愛——親合系統形成階段，一個人至少能確認的一點是：他是屬於某個部落或家族的，而不是屬於其它部落或家族的。

③原文為「足夠強」、但我認為以改為「不夠強」為宜。

④引自《血型與人生》（日本能見正比古、能見俊賢著，俞家玲編譯，上海知識出版社一九八八年

九月出版。）

⑤之所以說「母親們」，是因為母親的女兒們長大後也各自生下了一串孩子，女兒們的女兒們長大後也各自生下了一串孩子……她們都成了「母親」。

⑥引自《血型與人生》（日本能見正比古、能見俊賢著，俞家玲編譯，上海知識出版社一九八八年九月出版。）

⑦《逃避自由》，陳學明譯，工人出版社一九八七年六月出版。

⑧引自《血型與人生》（日本能見正比古、能見俊賢著，俞家玲編譯，上海知識出版社一九八八年九月出版。）

⑨引自《動機與人格》（馬斯洛著，許金聲等譯，華夏出版社一九八七年十一月出版。）

⑩孔子：「中人以上可以語上矣，中人以下不可以語上矣。」《論語・雍也》

⑪在此我們說的是「精神缺陷」而不是「精神疾病」。有精神疾病的人當然更不能負什麼責任了。

⑫這種人也往往被人們稱為「浪蕩子」、「大孩子」或「老小孩」。

⑬引自陶淵明《歸去來兮》。

⑭宗教就在一定程度上具有治療精神缺陷、精神疾病的作用，當然是那些正當的宗教，而正當的宗教所信奉的偶像，像基督教的上帝、伊斯蘭教的真主和佛教的佛等，所代表的就是地球精神。

⑮引自《內經釋義》（北京中醫學院主編，上海人民出版社一九七二年十二月出版。）

⑯當然，「主宰」指的不是某個個人，而是某種信念、某種責任或某種利益（主要是國家利益）等。

⑰《三國演義》第一章中，關羽初次見到劉備、張飛時，是這樣介紹自己的：「吾姓關，名羽，字雲長，河東解良人也。因本處勢豪，倚勢凌人，被吾殺了，逃離江湖，五、六年矣。今聞此處招軍破賊，特來應募。」

⑱《存在心理學探索》，李文湉譯，雲南人民出版社一九八七年三月出版。

⑲「不良」不等於「惡」，正如「不好」不等於「壞」。常聽人說「世上還是好人多」，其實世上不是好人多，也不是壞人多，而是不好不壞的人多。

第六章　精神機體的功能系統自我實現
——求智求能系統

一

能量系統的工作是收集能量，收集能量的目的是供應能量，供應的對象就是我們現在要談的功能系統。功能系統只有得到能量，其功能才能得以發揮。

精神能量的供應工作大概像血液一樣，主要也是由心臟來承擔的。

功能系統就是大腦所在的系統，但大腦只是個籠統的概念，其具體的結構、性能及運作方式是怎樣的呢？

這是個折騰了我許多年的問題，在闡示我的思考結果之前我想先引述一下系統論中的「同型性原理」：

同型性就是指自然界、人類社會和思維活動不同領域，存在著結構上的相似性，從而可以用同一模式、原則、規律來描述這些完全不同的領域、不同的現象。

世間諸多機構，其設置大體都是一樣的，主要由主宰者、執行者、具體執行者和情報收集者四部分組成。

譬如一支軍隊中，主宰者即其統帥；執行者是基層指揮員；具體執行者是普通士兵；情報收集者是情報人員。

一個工廠中，主宰者是廠長；執行者是部門負責人；具體執行者是普通員工；情報收集者是負責調查、研究市場的人員。

再看我們以上所說的能量系統，每個系統都是由一臟一腑一體一官組成：臟是主宰者，腑是執行者，體是具體執行者，官是情報收集者。

相應地，我們現在所說的功能系統，其設置也是這樣。我們知道，大腦是通過神經與全身各器官或各部分聯通，並以此對其進行控制的，那麼，功能系統的主宰者就是五臟神經之總和，它們共同組成左腦；執行者就是五腑神經之總和，它們共同組成右腦；

具體執行者就是五體神經之總和；信息收集者就是五官神經之總和。

由此，可以將功能系統的組成形式擬為：左腦——右腦——五體神經——五官神經。

正如中醫學中的五臟不同於西方生理學中的五臟：前者是從功能意義上說的，後者是從解剖意義上說的；現在我們所說的左腦、右腦若與解剖意義上的左腦、右腦有什麼不同，也請大家如此理解。

二

功能系統的功能是什麼呢？一句話，認識、駕馭和改造地球萬物。萬物中有一物特殊，即人類自己：人類既是認識、駕馭和改造的主體，又是被認識、駕馭和改造的對像。

三種功能實際上是三層功能，最高一層功能是改造，但它必須以前兩層功能為前提，即駕馭是改造的前提，而認識又是駕馭的前提。

因而，認識功能是最基本的功能，我們就先從它談起。

當主體接觸到一外物時，即由先接觸到此外物的一個或幾個感覺器官將信息向裏傳達。傳達的途徑可能有兩條：一是先傳達給官的主宰——舌，再由舌傳達給它的上司—

——小腸；一是先傳達給官的上司——腑，再由腑傳達給它們的主宰——小腸。無論是哪種途徑，目的地都是小腸。

如果是動物的話，傳達的工作到此結束，認識的工作由此開始：一方面，小腸指使各個腑，各個腑又指使各個官和各個體繼續與此外物接觸，以攝取更多的信息；一方面，小腸指使胃將傳送進來的信息收貯起來，指使大腸對它們進行分類，指使膀胱找出它們之間的聯繫，指使膽對它們作出裁斷，最後由小腸本身將它們整合成關於此外物的表象——這樣就完成了關於此外物的外在認識。外在認識就是對外物的形象認識。

如果是人的話，傳達的工作還會繼續，途徑仍是兩條：一是由腑傳達給它們的上司——臟，再由臟傳達給它們的主宰——心臟；一是由小腸傳達給它的上司——心臟。兩條途徑的目的地都是心臟。

由此，由心臟主宰的認識工作便開始了：一方面，心臟指使小腸，小腸又指使各腑、各官、各體繼續跟此外物接觸，以攝取更多的信息；一方面，心臟指使脾將小腸分化出的關於此外物的內在信息收貯起來，指使肺臟對它們進行分析，指使腎臟對它們進行推理，指使肝臟對它們進行判斷，最後由心臟將它們整合成對此外物的內在認識，包括對它的結構、性質、功能、規律及構造原理等等的認識。內在認識即抽象認識。

上面曾提到「小腸分化出的內在信息」，對此需特別說明一下。如果認識工作是由小腸主宰的，那麼小腸只會關注此外物的外在信息；如果是由心臟主宰的，那麼心臟既會關注此外物的外在信息，又會關注此外物的內在信息。因而，一方面，心臟指使小腸將外在信息整合成關於此外物的外在認識；一方面，又指使小腸將內在信息分化出來，由它整合成關於此外物的內在認識。最後，由心臟將外在認識和內在認識整合成關於此外物的整體認識。

《內經》中稱，「小腸者，分化清濁也」。這句話當然有它生理方面的意義，但在此處，我認為，「濁」指的是被認識事物的外在信息，「清」指的是內在信息。小腸分化清濁的工作，在認識意義上指的是分化外在信息和內在信息的工作。

上面是一段插話，我們接著前面的繼續說。對此外物的認識工作，無論是外在認識還是內在認識，都不是一次就能完成的，主體要一次次地接觸此外物，以加深和完善對它的認識。

認識的結果就是知識，知識仍以信息的方式被貯存在脾、胃中：胃貯存外在信息，脾貯存內在信息。

大體說來，脾—胃、肺—小腸、腎—膀胱、肝—膽及心—小腸這五對臟腑在認識工作中的職能分別是貯、分、聯、斷、合。

貯指貯藏，而對信息和知識的貯藏，我們一般稱為「記憶」；

分指分類、分析等；

聯指聯繫，即找出聯繫，推理就是如此；

斷指裁斷、判斷等；

合指整合，內在認識中的整合我們一般稱為綜合。

對於我以上的描述，大家會感到新鮮；新鮮過後，有的會贊成，有的會反對。從我的角度講，我的描述也可能正確，也可能錯誤，但我相信，我的這種思路是正確無疑的：我們不能把大腦籠統地看作一個認識器官或一個思維器官，在認識或思維的過程中，它裏面的各個部分都有著明確的分工；就像一台電腦，它裏面的CPU、主機板、內存條、顯卡、聲卡、硬盤及Modem等部件，都有著明確的分工。

三

認識的目的是為了駕馭。在認識此外物的基礎上，主體便開始著手駕馭此外物。

騎馬屬於駕馭，打球屬於駕馭，種花也屬於駕馭……現實生活中，人們需要駕馭的東西太多了。

駕馭的工作具體是由體來承擔的。駕馭需要能力，能力由兩種東西組成：一是能，即能量；一是力，即力度。能力即調節能量的力度。能量是貯存在能量系統中的，調節的力度是掌握在功能系統——具體是大腦——中的。能量系統的能量既被用於大腦的認識和調節工作，又被用於五官的收集情報工作，還被用於五體的駕馭工作，總之是被用於整個功能系統的工作。功能系統的組成形式就是左腦——右腦——五官——五體。「大軍未動，糧草先行」，若將功能系統比作一支軍隊，那麼能量系統就是負責向它供應糧草（以及其它物品）的部門：沒有能量系統供應能量，功能系統什麼功能都不能發揮；能量系統供應的能量不足，功能系統的功能也發揮不好。

五體在大腦的指揮下開始著手駕馭一外物。假設此外物是只球，五體在大腦的指揮下打它。開始的時候，總也打不好，不是打得靠前，就是打得靠後，不是打得靠左，就是打得靠右，反正總也打不到應該打到的位置上。通過不斷的鍛煉，打出去的球越來越到位，主體打球的能力越來越高——主體越來越具備駕馭此物的能力。

除了物以外，還有事：主體除了有許多種物需要駕馭外，還有許多件事需要解決。

解決實際上也是駕馭：你不能被事難倒，而必須設法將其擺平。

主體對待所遇到的一件事，如同對待所遇到的一種物一樣，也要經歷一個接觸、認識和解決的過程。

主體在掌握所遇到的一件事的大量信息並對其有了足夠的認識後，便著手解決此事。他先是對有關這件事的信息和知識進行思考，思考的過程就是調度這些信息和知識的過程。我們知道，信息和知識是能量，是貯存在脾臟胃腑中的，而思考的工作則是由大腦承擔的。通過思考，主體找出了解決這件事的辦法，我將它稱為智謀；通過施用這種智謀，主體將這件事解決了。

通過這樣的方式，主體會逐步掌握解決許多件事的智謀。

大家看到智謀的形成過程與能力基本上是一樣的，而且，在許多情況下，智謀與能力很難區分：往往駕馭物的能力就是智謀，而解決事的智謀就是能力。很顯然，智謀與能力一樣，也存在著水平問題，也有一個不斷提高的過程。

無論是整體的人類還是個體的人，從降臨到這個世界的那一天起，就面臨著許多種物需要駕馭、許多件事需要解決，因而就需要不斷地尋求許多種能力和許多種智謀，就需要不斷地尋求更高的能力和更巧的智謀。

正是從這個意義上，我將功能系統命名為「自我實現——求智求能系統」，其中的「求智求能」就是針對於此而擬的。

關於「自我實現」，我們到下面再談。

四

在認識和駕馭事物的基礎上，人類就要對事物進行改造了。

說「改造物」，聽起來比較順耳；而說「改造事」，聽起來就有些彆扭了。實際上，這只是語言習慣方面的問題，而不存在語法或語義方面的問題。平素我們也常說「將大事化小，小事化了」或「將壞事變好事」之類的話，這都屬於「改造事」。當然，如果我們說「將事處理好」或「將事擺平」，會符合我們的語言習慣，但由於本節探討的是「改造」問題，還是用「改造」一詞為宜。

人類為什麼要改造事物，又為什麼能改造事物呢？

動物也有認識和駕馭事物的能力，但由於動物只擁有物質生命，所以它們只能對事物進行外在的認識和駕馭，即使這方面的認識和駕馭水平也是很低級的。

而人類，既擁有物質生命，又擁有精神生命，所以人類既能對事物進行外在的認識和駕馭，又能進行內在的認識和駕馭，而且由於人類能夠進行內在的認識和駕馭，使得外在的認識和駕馭水平也有了質的飛躍。

人類之所以是人類，是因為在人類的物質生命中寓有精神生命，當人類誕生之初，人類的精神生命還很幼弱，但就是這幼弱的精神生命，也使人類能夠從最低級的層次上開始對事物進行內在的認識和駕馭，而人類不斷對事物進行內在認識和駕馭的過程，就是一個不斷激活、不斷喚醒、不斷促生人類精神生命的過程。

自然界只適於動物和人類的物質生命生存，而人類的精神生命卻自有它的生存需要，自然界不符合他的生存需要，他就要對自然界進行改造，而且人類的精神生命越是成長，它的生存需求就越高，它對自然界改造的幅度就越廣、力度就越大。

人類在產生改造事物需要的同時也已具備了改造事物的條件。人類認識和駕馭的事物越來越多，人類收貯的知識和信息就越來越多，掌握的能力和智謀就越來越多。人類所收貯的知識和信息被人類的一種種想像重新組合起來，通過人類所掌握的能力和智謀進行實施，從而改造出一種種新的事物。

重新組合——這使我們聯想起了創造。事實上，地球世界中的每一滴水、每一粒土、每一根草、每一種聲音及每一種氣味等等，都不是人類創造出來的；人類所作的創造，只是對已有事物的改造或再創造。

人類在著手改造一種新事物之前，先要由大腦根據已有的知識和信息想出一種事像或物像，即被改造出的新事物是一種什麼樣子，這就是想像，與它相關的還有預想、幻想、策劃、計劃或設計等。想像是改造或再創造的直接前提：沒有想像，就沒有改造或再創造。想像可以被劃入創造中，但我們還是把它們區別開來：想像是在大腦中進行的，而創造則是在現實中進行的。

想像力是人類特有的一種非常重要的能力。運用外在信息和形象知識進行想像的能力是掌握在小腸神經中的，運用內在信息和抽象知識進行想像的能力是掌握在心臟神經中的，總體的想像力是掌握在心臟神經中的。小腸神經只有處於精神生命機體中、處在心臟神經主宰下時才具有想像力；若只是處在物質生命機體中，則不具有想像力。想像力與精神生命的整合性、系統性或統攝力、主宰力有關，或者說就是這些性或力的產物或派生品。

雖然我們前面說，只有形成自我的人類個體才具有創造力，而在人類歷史的早期雖然很難有形成自我的人類個體出現，卻零零星星地總有天賦化格、心有靈犀的人類個體出現，正是他們開啟了人類的創造史，並在很大程度上推動著人類創造史的發展。人類所創造出的越來越高的文明，孕育出越來越多形成自我的人類個體，使得人類整體的創造力越來越強，人類對地球世界的改造程度越來越高，文明之光越來越盛大、輝煌而亮麗。

開始的時候，人類對事物的改造是單一性的、很低級的，如將石塊磨成石刀等。逐漸地，人類對事物的改造就演變成了複合性的、越來越高級的，如今人類所設計並製造出的汽車、火車、輪船、飛機、宇宙飛船及火星探測器等，就不知是由多少種事物的有關部分整合而成。

五

最終的問題還是要歸結到地球精神上。當我們即將結束這次精神之旅時，請大家至少記住一樣東西，那就是地球精神；假如本書還有一點價值的話，那就是對地球精神的揭示和推重。

從根本上來說，地球精神是不能揭示的，因為它是無法言喻的。它除了是基督教所指的上帝、伊斯蘭教所指的真主和佛教所指的佛外，還是中國哲人所說的道、至道、大道、天、天心、天理、一、大一、良知及良心等。我們不能真正地揭示它，只能越來越深地領悟它，並在領悟的基礎上遵循它。

無數的宗教家宣揚過它，無數的哲學家探討過它，本書只是讓它由宗教家所立的外在偶像回歸到我們的內心，回歸到它應屬的位置上；讓它由哲學家漫無邊際的談論回復為具體化的實在，回復成它本來的面目。

地球精神賦予了我們人類精神生命，精神生命賦予了我們人類對地球事物的高水平的外在認識和駕馭能力、對地球事物的獨有的內在認識和駕馭能力以及對地球事物的獨有的改造能力，還賦予了我們人類道義、權利、至高的尊嚴和神聖的使命等。

我現在推想，大可能是當初像類人猿之類最接近我們人類的高級動物一次次面對重大挫折和災難時的凝思①，將一直在一級高過一級的地球物質中潛生著的地球精神催熟，地球精神在這些類人猿身上轉化成了精神生命，這些類人猿也隨之轉化成了人類。

由此開始，呈現出典型的互動關係：地球精神賦予了人類精神生命，精神生命賦予了人類內在地認識地球事物的能力，而人類對地球事物的內在認識就是對地球精神的認識，人類對地球精神的認識越是深入，人類的精神生命就越是成長，而人類的精神生命越是成長，人類對地球精神的認識就越深入。而且，以此為基礎的人類內在地駕馭地球事物的能力和改造地球事物的能力也隨著不斷提高。

人類的精神生命誕生時，人類的物質生命已非常成熟、發達，精神生命在誕生之後的相當長時期內還很幼弱，還不能主宰人類的活動，主宰人類活動的是人類的物質生命，精神生命只是輔助地發揮作用、或潛在地發揮作用。在精神生命的潛在作用下，人類能夠內在地認識和駕馭地球事物、能夠改造地球事物，但這些活動卻是盲目的、散亂的、片面的，人類所認識、駕馭和改造的只是一個個部分，卻不明曉這些部分所隸屬的整體，因而這些活動不具備自覺性、目的性和統一性。

前面我們已談到人類受自己所獲得的知識之累。人類不斷地追求知識，所以人類獲得的知識越來越多，到了知識大爆炸的今天更是急遽增多，但人類統攝知識的能力卻沒有增強，所以知識越是增多，人類卻越感到茫然被動，以知識為基礎的駕馭地球事物的能力也越來越顯困窘。

在改造地球事物方面，人類對自然資源越來越嚴重的濫採濫伐破壞了大自然的生態平衡，因而遭到大自然越來越猛烈的報復；人類發明和製造的武器越來越精良，而奪去的人類生命也越來越多；人類發明和製造的物質產品越來越豐富精美，人類的物質欲望也越來越因之而膨脹，從而越來越損害人的淳樸本性的人與人之間的關係……人類在創造越來越高的文明的同時，也在為自己掘下越來越深的墳墓。

照這樣的態勢惡化下去，人類的末日真是為期不遠了。但巨大的災難恰恰是轉折的契機，前面我們說到，正是類人猿在面對巨大挫折或災難時的凝思，催熟了潛生於它們身上的地球精神，從而有了精神生命或人類的誕生；世界幾大宗教——包括中國的儒教——基本上都是在人類面臨巨大的挫折或災難的背景下產生、確立或興盛的；二十世紀最深刻、最具反思性的哲學——存在主義哲學也是在兩次世界大戰的背景下確立並興盛的②。

在沒有面對巨大挫折或災難時，人類總是在其物質生命的主導下盲目地胡幹亂幹，直到胡幹亂幹導致了巨大的挫折或災難時，人類才不由地停下腳步凝思或反思。正是在凝思或反思中，人類的精神生命才開始占據上風，幫助人類超脫出盲目性的迷霧，認清自己的生存狀況及應該選擇的道路。而在精神生命的指引下人類踏上正路不久，剛剛有些起色，物質生命又瘋狂起來，又開始了新一輪的胡幹亂幹，又導致了新一場的巨大挫折或災難，結果人類又不得不停下腳步來凝思或反思……以往的人類歷史，簡直就是一幕接一幕的鬧劇！

鬧劇該結束了，正劇該開場了。進入21世紀，人類不能再以巨大的挫折或災難為代價換取短暫的清醒，人類應該經常地、主動地進行反思、反省或內省，用這樣的方式接觸存在於自身內部的地球精神，用地球精神的光芒照亮自己前進的道路，讓精神生命成為自身命運的主宰。

一棵樹中還包含著以年輪為代表的關於這棵樹的種種信息，一塊化石中還包含著關於某種古生物的種種信息，在地球精神中則包含著關於地球上所有事物的種種信息。它們天然地構成一個統一的整體，此即中國先哲們所說的天道、大道或至道，我稱之為「大智慧」。通過對它的領悟，人類能達到對地球世界整體的認識和把握。求智求能的「智」，從最高意義上講，指的是「大智慧」。

地球精神還存在著巨大的能量，其中絕大部分還有待人類去開發利用。許多書上說，人類只開發利用了自身能量的百分之十左右，但現在看來，百分之十這個數目也被高估了。人類若能將自身的潛能充分地開發利用起來，人類就能改造好地球上的所有事物，包括人類自身。

認清地球上的所有事物，改造好地球上的所有事物；認清自己，改造好自己，從而創造出一個統一的、健全的、美好的世界——人類具備這樣的能力，但只有靠人類長期不懈的努力才能實現。

到此為止，本書已初步解答了何為自我實現的問題，它包括兩條或兩個層次：你應該是什麼樣子，你就爭取成為什麼樣子；你已成為什麼樣子，你就展現出你是的樣子。

當然，自我實現問題是個極其重要而複雜的問題，它在很大程度上與自我形成問題相關，卻又超出了自我形成問題的範疇，絕非輕而易舉就能解決得了。在此方面，下功夫最深的莫過於馬斯洛。他歷時幾十年，鍥而不捨地進行了深入而廣泛的探索，並取得了大量極有價值的成果。我們應該在充分汲取這些成果的基礎上，繼續致力於這一問題的完善解決。

還有許多許多的問題沒有談到，已談到的問題也沒有一個談透，但這些並不屬於本書的任務。本書的任務是勾勒一條認識人類的新思路——到此為止，這一任務已基本完成了，因而本書也要結束了。

最後，再提出與本書有關的幾個問題與大家共同商討。

問題一　本書最大的遺憾是沒有好好論述一下人的精神生命與物質生命的關係。主要是因為，這是一個很大很大的問題，並非由本書勝任得了，需要建立一種專門的理論

——如「心身論」——進行專門研究。

本書曾以騎手與馬的關係比喻人的精神生命與物質生命的關係，此外，還可以用電腦中的軟件系統和硬件系統的關係進行比喻。

電腦中，硬件系統以軟件系統為靈魂、為主宰；軟件系統則以硬件系統為載體、為工具。如果沒有硬件系統，軟件系統就無法存在，就不能發揮任何作用；如果沒有軟件系統，硬件系統連個「系統」都談不上，只是一堆部件而已，正因為有了軟件系統作為主宰，它們才能構成一個整體共同發揮作用。

當然，硬件在通上電即相當於有了生命以後，也能嗡嗡作響，但由於沒有靈魂、沒有主宰，它們什麼有意義的事情也做不了；正如動物，雖然也有五官四體、五臟六腑，也有生命，但由於沒有靈魂、沒有主宰，所以它們也做不了任何有意義的事情。

在人體中，從標準意義講，所有人的軟件系統都是一樣的，即都是精神生命系統。但，首先，沒有一個人已將這一系統的潛能充分開發和利用起來；其次，各個人所開發和利用的水平是各不相同的：有些人還處在最初水平上，相當於DOS水平；有些人的水平高一些，相當於 WINDOWS95 的水平；有些人的水平則更高一些，相當於 WINDOWS98 或 WINDOWS2000 的水平；有些人則處在最高水平上，相當於 WINDOWSXP

的水平。說WINDOWSXP水平最高，只是相對於現在的情況而言，就其發展趨勢而言，必然將在WINDOWSXP的水平上不斷升級。

再說人體的硬件系統。為什麼有的人反應靈敏、思維敏捷，而有的人則反應遲鈍、思維緩慢呢？這屬於速度問題。說到速度，如果是電腦的話，主要跟其核心硬件——CPU有關。而人體的CPU當然非心臟或大腦中的心臟神經莫屬，有些人的CPU還處在奔騰1以下的水平上，有些人的處於奔騰1水平上，有些人的處於奔騰2水平上，有些人的處於奔騰3水平上，有些人的則處於奔騰4水平上。奔騰4代表著當今CPU的最高水平，以後還會有奔騰5、奔騰6、奔騰7、奔騰8……

雖然CPU是硬件系統中的核心硬件，但我們不僅要追求它的不斷升級，還要追求其它硬件——如硬盤、內存及主板等——的不斷升級，並且還要追求它們在不斷升級中的相互配套；雖然WINDOWS是軟件系統中的主要軟件，但我們不僅要追求它的不斷升級，還要追求其它軟件——如Office、Photoshop及Herosoft等——的不斷升級，並且還要追求它們在不斷升級中的相互配套。最重要的是，我們要追求整個軟件系統和整個硬件系統在不斷升級中的相互配套。

沒有相應的硬件系統，軟件系統再升級也是白搭；反過來，沒有相應的軟件系統，硬件系統再升級也是浪費。

最後我要說的是：一、由這個比喻可以引出許多的聯想，如果大家覺得有趣，不妨繼續聯想下去；二、電腦是對人腦或人體的模擬，雖然我們贊嘆電腦正變得越來越精妙，但就精妙程度而言，模擬者與被模擬者還差得很遠很遠。

馬斯洛在他的《科學心理學》一書中曾驚嘆腎臟的構造之精巧，他更應該驚嘆人的物質機體的構造之精巧，更應該驚嘆人的精神機體的構造之精巧。

如果大家對人的精神機體的構造之精巧及功用之神妙還缺乏感受，那不怪人的精神機體本身，而只怪我對它的揭示還太粗糙浮淺。

問題二　我在介紹人類精神機體的能量系統時，曾說知識和信息是由脾臟胃腑負責收貯的；在介紹功能系統時，又說知識和信息是由脾胃神經負責收貯的。

這兩種說法似乎互相矛盾，從一開始意識到這一點起我就一直琢磨究竟哪種說法準確，但直到本書快要寫完了我還沒確定。

在此我只能先向大家提供我的兩種猜想。

一、脾胃神經相當於倉庫保管員，脾臟胃腑相當於倉庫；脾胃神經負責收貯知識和信息，但脾臟胃腑卻是具體貯存知識和信息的所在。

我不敢確定這一猜想的原因在於：我無法想像知識和信息是不被貯存在大腦中的。二、人的精神機體，包括能量系統和功能系統，都在大腦中；或者說，能量系統和功能系統是合一的。

但這一猜想的漏洞在於，當我們受到精神性傷害，如遭到侮辱、受到威脅或失去親人時，我們的五臟六腑會產生這樣那樣的反應，如怒、恐或悲等，因而五臟六腑必定是我們精神機體的一部分。

因而我還得要堅持本書的提法：五臟六腑是我們精神機體的能量系統之所在，而大腦則是我們精神機體的功能系統之所在。

只是我一方面認為這種猜想荒唐，一方面又對它念念不忘。

關鍵在於，人的精神機體，或人的精神生命，對我們來說還是一種新的認識對像，還有待我們一步步完善對它的認識。

問題三　自我實現——求智求能系統既然有它的需要，也就有它的情志。該系統的情志有兩種：

一、「喜」之情志。像能量系統的五個子系統一樣，自我實現——求智求能系統在其需要被滿足得過分的情況下，會產生「喜」之情志；

二、「躁」之情志。在其需要得不到滿足或被滿足得不夠的情況下，自我實現——求智求能系統會產生「躁」之情志。

「躁」之問題就是現代心理學研究非常關注的「焦慮」問題。「躁」或「焦慮」是人類經常地、長期地所處的一種精神狀態，是人類自其誕生以來就基本上一直所處的一種精神狀態。

人類所有的精神需要都可歸結為一種需要，即自我實現的需要。在追求這一目標實現的過程中，人類基本上會一直處於「躁」或「焦慮」狀態，無論對於人類整體還是對於人類個體，都是如此。

自我實現——求智求能系統所產生的喜之情志只是曇花一現的現象，是該系統由於短時間內獲得的智謀或能力太多而產生的一種現象。但轉瞬間，人類會感到所獲得的這點智謀或這點能力還遠不敷用，因而又得開始追求新的智謀、新的能力，「躁」或「焦慮」情志又回到人類身上。

問題四 我一直想探明各種不同的工作究竟損耗的是哪一種或哪幾種能量，但現在看來，這一問題非常複雜，遠非本書能解決得了。

我只能將我關於抽象思維方面的一點淺見提供給大家。大體說來，收貯內在信息的工作損耗的是知識能量，分析的工作損耗的是關愛能量，推理的工作損耗的是安全能量，判斷的工作損耗的是尊重能量，而綜合的工作損耗的是主控能量。

從另一個方面講，知識型性格的人善於收貯，關愛型性格的人善於分析，安全型性格的人善於推理，尊重型性格的人善於判斷，而主控型性格的人善於綜合。

當然，一個精神健全的人應該善於做所有這些工作（單就抽象思維方面而言），但不同的人畢竟各有所長，各有所短。

問題五　最後一個問題的提出，也許可以作為本書最後的一份忠告奉獻給大家。

在人的物質生命方面，最重要的兩種活動是吃飯和睡覺；在人的精神生命方面，吸取知識相當於吃飯，而相當於睡覺的活動是什麼呢？

我們先來看看睡眠是怎麼回事。當我們還在母胎中的時候，絕大部分時間都處在睡眠狀態，通過這種方式，我們的身體被注滿了能量，我稱之為「原始能量」，也即我們常說的「元氣」。當我們降生以後，我們要經常地、定期地回到這種狀態，以恢復我們的「原始能量」或「元氣」。如果連續一段時間不睡覺，我們便會感到疲倦無力；如果再連續一段時間不睡覺，便會使我們的生命變得衰弱；如果還連續一段時間不睡覺，便會危及我們的生命。

我們的精神生命也是這樣。在我們的精神生命還未誕生時，它幾乎一直處在靜寂狀態，通過這樣的方式，它被注滿了原始能量，我們不妨稱之為「元神」。

當我們的精神生命誕生以後，我們還要經常地、定期地回到靜寂狀態以恢復我們的原始能量或「元神」，以養護好我們的精神生命。

回到靜寂狀態，即「入靜」。真正的入靜，指摒去一切雜念，讓自己完全進入虛靜狀態。這需要很高的功夫，大概只有一些高僧和塵世中的極個別高人才能做到。

順便再說一下睡眠。莊子說，「真人無夢」，真正的高質量的睡眠是無夢的睡眠，只有極少數人才能享有這樣的睡眠，這極少數人可能是莊子所說的「真人」，也可能不是，譬如弱智者、痴呆者或植物人是不是做夢，我還缺乏瞭解。

我們不能做到真正的入靜，但我們可以做到靜處，通過靜處，爭取一步步達到真正的入靜。

正是在這方面，人類做得很差。在過去，或在現在的貧困地區，人們由於吃不飽、穿不暖，不得不終日為獲取衣食而不停地勞碌，晚上回到家吃過飯後，便拖著疲乏的身子上床睡覺，第二天一早起來就又出去勞碌……怎麼能有靜處的時間！在當今，或在當今富裕地區，人們不愁吃不愁穿了，但一方面，人們為貪婪的欲望所驅使，還在拼命地攫取財物；另一方面，人們又沈溺於物質的享樂中不能自拔，難得給自己留一點靜處的時間。

能動不能靜——能熱鬧不能安靜，能扎堆不能獨處，能物質不能精神——是當今人類社會的一大通病。在物質文明水平不斷上升的同時，精神文明水平卻在不斷下降；人類在將幾乎所有物品的質量改造得越來越好的同時，人類自身的質量卻在越來越退化。如果單有高度的物質文明，而沒有相應的精神文明，人類只會得到低俗的快樂，而不會得到真正的幸福。

事實已擺在這裏了——就請我們大家盡力用我們尚待形成的自我、尚待成熟的精神生命作出明智的抉擇吧。

祝福人類，祝福人類中的每一位成員！

---

①「凝思」不是內省，但卻在一定程度上具有內省的性能。

②說的是「確立」和「興盛」，而沒說「產生」，存在主義哲學的產生時間應上溯到十九世紀。

後記

讀完這本書，大家會批評說：論述不夠嚴謹、論據不夠充分以及理論缺乏科學性、諸多觀點良莠不齊等。

這一切我很明白。並非我為自己開脱：這一切都是次要的、較易做好的事情。也絕非虛張聲勢：本書所探討的問題——人是什麼，或人為什麼是人——是一個極為艱深龐大的問題，艱深到人類探索了數萬年仍未得出滿意的答案，龐大到涉及人類世界的所有事物。人類在這一探索過程的許多階段，包括我們現正處的這個階段，往往誤入歧途或陷入困境。

在這樣的情勢下，最重要的是什麼呢？思路！

思路找對了，問題就好解決了。正如方向找對了，路就好走了，不管前面是高山還是深谷，是沼澤還是沙漠，是茫茫森林還是滔滔大海……人類現有的力量都足以跨越。

我深信本書提出了一條可行的思路，一條可能通達真理的思路：人之為人的根本在於人的精神生命，人的特性取決於人的精神生命，人與動物的區別在於有無精神生命，只有揭開人類精神生命的奧秘，人類才能真正地認識自己、掌握自己。

認識人類，是每個人類成員的責任。是我的責任，也是你的責任。

本書不足的地方，正是你起步的地方。

自我之形成增訂本

——人類精神生命的結構、性能及運作方式

作者◆于德昌
發行人◆王學哲
總編輯◆施嘉明
主編◆葉幗英
美術設計◆吳郁婷
校對◆王國強

出版發行：臺灣商務印書館股份有限公司
台北市重慶南路一段三十七號
電話：(02)2371-3712
讀者服務專線：0800056196
郵撥：0000165-1
網路書店：www.cptw.com.tw
E-mail：cptw@cptw.com.tw
網址：www.cptw.com.tw

局版北市業字第 993 號
增訂版一刷：2006 年 2 月
定價：新台幣 280 元

ISBN 957-05-2023-X

自我之形成 ： 人類精神生命的結構、性能及運
作方式／于德昌著 -- 增訂一版 -- 臺北
市 ： 臺灣商務， 2006[民 95]
面 ； 公分

ISBN 957-05-2023-X(平裝)

1. 五行

291.2 94025551

讀者回函卡

感謝您對本館的支持，爲加強對您的服務，請塡妥此卡，免付郵資寄回，可隨時收到本館最新出版訊息，及享受各種優惠。

姓名：________________________ 性別：□男 □女

出生日期：____年____月____日

職業：□學生 □公務（含軍警）□家管 □服務 □金融 □製造
□資訊 □大衆傳播 □自由業 □農漁牧 □退休 □其他

學歷：□高中以下（含高中） □大專 □研究所（含以上）

地址：□□□ ________________________________
____

電話：（H）________________ （O）________________

E-mail: ________________________________

購買書名：________________________________

您從何處得知本書？

□書店 □報紙廣告 □報紙專欄 □雜誌廣告 □DM廣告
□傳單 □親友介紹 □電視廣播 □其他

您對本書的意見？（A／滿意 B／尙可 C／需改進）

內容____ 編輯____ 校對____ 翻譯____

封面設計____ 價格____ 其他____________

您的建議：
____
____
____

臺灣商務印書館

台北市重慶南路一段三十七號 電話：（02）23713712轉分機50～57
讀者服務專線：0800056196 傳眞：（02）23710274・23701091
郵撥：0000165-1號 E-mail：cptw @cptw.com.tw
網址：www.cptw.com.tw